世界の大学から学ぶ

Korea Entertainment Academics

韓国

ヒットコンテンツをつくる授業

学問としての「エンタメプロデュース」

チョン・ウンスク 監修

Mates-Publishing

写真：Hans Splinter

韓国エンタメの成功の秘密を学問的な角度から迫る！

韓国のエンタメ産業は、華々しい世界的な成功を収めている。K-POP《ケーポップ》においては、2020年にBTS《ビーティーエス》が、Bill《ビル》board《ボード》 Hot《ホット》 100で1位に輝いた。さらにBTSは、2021年には、アメリカン・ミュージック・アワード（AMA）の「Artist《アーティスト》 of《オブ》 the《ザ》 Year《イヤー》」も、K-POPアイドルとして初めて受賞している。

映像の世界でも快進撃が続いている。2019年に公開された映画『パラサイト 半地下の家族』は、同年にカンヌ国際映画祭で最高賞にあたるパルム・ドールを受賞し、2020年にアカデミー賞作品賞を非英語作品として史上初めて受賞した。

また、2021年Netflix《ネットフリックス》で配信された『イカゲーム』は、最初の28日間で1億4200万世帯が視聴し、Netflix

写真：Peter Kaminski

史上最大のヒット作となった。さらに、190ヵ国でトップテン入りし、そのうち94ヵ国で1位を獲得している。

韓国は、ゲーム競技である「eスポーツ」においても世界トップクラスであり、スマホで見られる縦スクロールマンガ「We《ウェ》btoon《ブトゥーン》」も世界で急速に拡大中だ。今や韓国コンテンツは、世界のエンタメ産業を席巻している。

なぜ韓国は、ここまでの成功を果たすことができたのだろうか？　その背景には、エンタメ産業を、国家戦略として取り組んで来たグローバルな展開があり、国内での大学教育プログラム強化による人材育成に力を入れてきたことが大きな要因となっている。韓国の大学にはK-POPアイドルや映画監督、eスポーツの選手を目指せる学科が多数存在するのだ。

本書では、エンタメ産業でグローバルな成功を遂げた韓国における大学の入試問題や課題、教育制度などに触れながら、学問的な角度から韓国コンテンツの成功要因を探っていく。

CONTENTS

2章 マーケティング力&宣伝力を身につける 63

3章 制作力・表現力を磨く 89

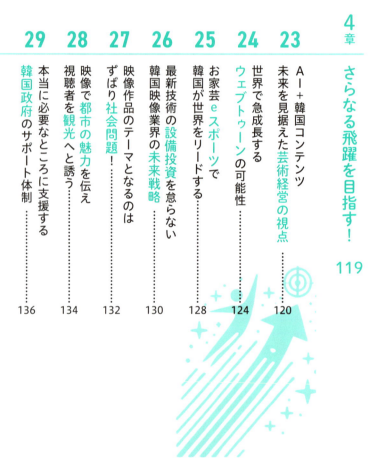

韓国コンテンツが世界に羽ばたく3つの理由

1 人材育成に力を注ぎ高いクリエイティブ力を実現

韓国では、１９９７年に経済的な危機に直面する中で、国としての存続をかけて文化産業を国際市場に向けて発展させることを決めた。これにより、政府が国策として掲げた文化産業に対して適切な支援が行われた。世界中の最先端の教育から学び、大学のエンターテインメント教育プログラムを強化することで人材育成に力を注いできたのだ。

現在、韓国の大学には、Ｋ-ＰＯＰ、韓国ドラマ、映画、Ｗｅｂｔｏｏｎ、ｅスポーツ、美容、ファッションなど、さまざまな韓国のコンテン

ツに関連する学科があり、これらを学問として体系的に習得することができる。

　このような国家戦略が実を結び、韓国の映画やドラマは世界で身近な存在となり、K-POPは世界中の人々を魅了している。いまや韓国コンテンツは、世界トップクラスのクリエイティブ力を誇り、国際的な確固たる地位を築いている。

2 世界が受け入れやすい形でコンテンツを作る

韓国の映像業界は、ハリウッドの映像制作技術を積極的に取り入れてきた。さらに、ストーリーには、自国の社会問題という文化的独自性を描きつつ、世界中の誰もが共感できる貧困や格差などの普遍的なテーマを設定しながら、映像作品としてまとめあげている。

K・POPにおいては、日本のアイドル育成方法やファンクラブの運営方法などを参考にしながら、より高いクオリティのパフォーマンスを追求し、強固なファン組織（ファンダム）を構築した。また、音楽やダ

ンスには、世界中のトレンドを取り入れ、親しみやすいスタイルを形成した。

このように韓国コンテンツは、他のコンテンツから学び、独自のものに昇華しつつ、世界中の人が共感できるテーマ設定により親しみやすいフォーマットに仕上げられている。それが、韓国コンテンツが、世界中で受け入れられ、人々を魅了している大きな理由のひとつとなっている。

3 デジタルプラットフォームで世界にコンテンツを配信

韓国ドラマは、Netflixの登場により、世界中で視聴可能なプラットフォームを手にした。そこで得た多額の制作費を現場に再投資し、最先端の設備を導入することで、好循環を生み出している。

K-POPは、YouTubeを通じてミュージックビデオを瞬時にグローバルな視聴者に届けられる。さらに、X（旧Twitter）、Facebook、Instagram、TikTokなどのSNSを活用して情報発信を行い、国境を越えたプロモーションを展開してい

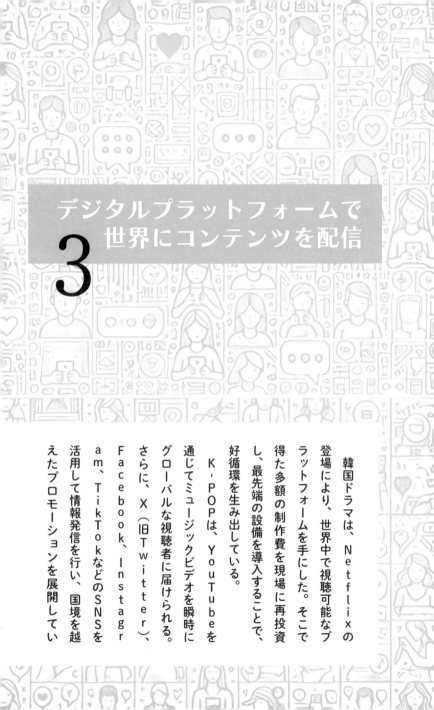

る。特にＫ－ＰＯＰのファンは、相互の連携力が特徴で、国籍の違うファン同士が情報を組織的に広め、プロモーションにも重要な役割を果たしている。

デジタルプラットフォームの普及や、ＳＮＳを活用したマーケティング、そしてファンコミュニティの力が、韓国コンテンツを加速的に世界中に広めている。

韓国コンテンツの歴史を知る

規制される時代から表現の自由へ

韓国は、1961年から1987年までの軍事政権の下、文化活動やエンターテインメントにおける表現の自由が厳しく制限された。映画や音楽、テレビ番組は政府の検閲を受け、西洋文化の影響を強く受けた作品や反体制的内容は公開できなかった。

しかし、1987年の民主化運動を経て、韓国は大きな政治的変革を遂げ、エンターテインメント産業にも自由な表現が広がった。さらに、1997年のアジア通貨危機を経て、韓国政府は文化産業を重要な経済成長の柱として位置づけて積極的な投資を開始し、韓国エンタメ産業は急速に発展することとなる。この時期に、韓国コンテンツは日本をはじめとするアジア各国で「韓流ブーム」を巻き起こす。

韓国コンテンツの世界的な成功

2000年代、K-POPがYouTubeなどのプ

ラットフォームを通じてグローバルに拡大し、特にＢＩＧＢＡＮＧや東方神起といったアイドルグループが、アジアだけでなく欧米市場でも成功を収めた。彼らのスタイルは、音楽だけでなくファッションや自己表現の自由さでも注目され、韓国のエンタメ産業の革新的な存在となった。

また、韓国の映画業界も世界的な注目を集め、パク・チャヌク監督の『オールド・ボーイ』（２００３）、ポン・ジュノ監督の『グエムル』（２００６年）がカンヌ国際映画祭などで評価され、韓国映画の質の高さが国際的に認知された。

２０１０年以降、Ｋ-ＰＯＰのグローバルな成功はさらに加速し、特にＢＴＳ（防弾少年団）が世界的な音楽シーンで活躍し、アメリカのビルボードのチャートを席巻した。彼らの成功は、韓国のエンタメ産業がグローバルな規模で影響力を持つことを示した。

韓国ドラマもＮｅｔｆｌｉｘなどのストリーミングサービスを通じて、より多くの国で視聴されるようになった。『イカゲーム』（２０２１年）は世界中で社会現象となり、韓国ドラマの国際的な人気を高めた。

現在、韓国コンテンツはその質の高さと多様性を武器に、世界中に浸透し、その国際的な影響力をますます拡大させている。

韓国コンテンツ歴史年表

1992　K-POP
ソテジワアイドゥル（Seo Taiji and Boys）がデビューする。現代のK-POPのダンススタイルの基盤を築く。

1992　歴史
韓国初の民主的大統領選挙によって、金泳三《キムヨンサム》大統領が誕生する。これにより民主化が進み、韓国における文化の自由度が増す。

1994　ゲーム
ネットカフェ（PCバン）が誕生。

1995　K-POP
ケーブルテレビの商業放送を開始し、多チャンネル化が進む。

1995　イベント
ソウル国際マンガ・アニメーションフェスティバル（SICAF）開始。

1996　K-POP
SMエンターテインメントからH.O.T.《エイチオーティー》がデビュー。K-POPアイドルの元祖とも言われる。

1996　イベント
釜山《プサン》国際映画祭（BIFF）が開始。

1997　歴史
アジア通貨危機でIMF（国際通貨基金）か

3人グループの「ソテジワアイドゥル」。

写真：グルミリソバルダム

5人組の「H.O.T.」。

写真：H.O.T

1990年代

らの支援。エンタメ産業も影響を受けるなか、政府が文化産業への投資を強化する政策を打ち出す。

1998

映画　韓国初シネマコンプレックス（複数スクリーンの映画館）CGVオープン。

K-POP　音楽番組「ミュージックバンク」が開始。

ゲーム　韓国初のMMORPG『リネージュ』が発売し、世界的ヒットに。

WT　富川国際漫画フェスティバル（BICOF）が開始。

1999

映画　韓国映画として初めてハリウッドスタイルのアクションを取り入れたカン・ジェギュ監督の『シュリ』が異例の興行収入を記録。

ゲーム　ネットカフェ（PCバン）が広まる。

K-POP　MAMA（Mnet Asian Music Awards）が開始。

『シュリ』のDVDパッケージ。

写真：Hachimaki

PCバンがゲーム文化を支える。

年	分野	出来事
2000	ドラマ	テレビドラマ『秋の童話』が放送され、韓流ブームの始まりを告げる。
	映画	パク・チャヌク監督の映画『JSA』が国際的な評価を得る。
2003	ドラマ	『冬のソナタ』（2002年放送）が日本で大ヒットし、「韓流ブーム」へ。
	K-POP	東方神起がデビューし、アジアで人気を集める。
2004	ドラマ	時代劇ドラマ『宮廷女官チャングムの誓い』が日本で放送され大ヒット。韓流が男性にも浸透。
	映画	パク・チャヌク監督の映画『オールド・ボーイ』（2003年公開）がカンヌ国際映画祭で審査員大賞受賞。
	WT	NAVER《ネイバー》が、スマホによるWebtoonサービスを開始。

『冬のソナタ』のDVDパッケージ。

『JSA』のDVDパッケージ。

2000年代

2005
- 歴史：YouTubeの誕生。K-POPのグローバル展開へ。
- イベント：G-Star（ゲームショー＆トレードショー）開始。

2006
- 映画：ポン・ジュノ監督の映画『グエムル-漢江の怪物-』が公開され、韓国映画史上初の1000万人動員達成。
- イベント：ソウル国際ドラマアワード（SDA）が開始。
- K-POP：BIGBANG《ビッグバン》がデビュー。音楽スタイル、ファッション、自己表現の自由さ、プロデュース手法などでK-POPに革新をもたらす。

2008
- 映画：キム・ジウン監督の映画『グッド・バッド・ウィアード』が公開され、国際映画祭で注目。

2009
- K-POP：少女時代（2007年デビュー）の『Gee』が大ヒットする。
- 美容：K-ビューティー・エキスポ・コーリア（KBE）が開始。

『グエムル』のDVDパッケージ。

「BIGBANG」は当初は5人で活動し、2016年に4人に。2023年に3人となった。

年	分野	出来事
2010	ドラマ	ドラマ『シークレット・ガーデン』が大ヒット。
2012	イベント	韓国コンテンツの総合イベント「KCON《ケイコン》」が開始。
	K-POP	PSY《サイ》の『Gangnam Style《カンナムスタイル》』がYouTubeでヒット。
2013	映画	ポン・ジュノ監督が、映画『スノーピアサー』でハリウッドデビューし、成功。
2014	WT	NAVERがWebtoonプラットフォームの国際サービスを展開。
	ゲーム	『リーグ・オブ・レジェンド（LoL）』の世界大会で韓国チームが連覇（2013年から2016年まで4連覇）。
	ドラマ	ドラマ『ミセン－未生－』が韓国国内でヒット。
2015	K-POP	多国籍グループの先駆けであるTWICEがデビュー。
2016	ドラマ	Netflixが韓国進出。

2012年にアメリカで開催された『KCON』。

写真：Peter Kaminski

2013年、人気ウェブトゥーン作家カンプルが育った場所に『漫画通り』ができる。

『江南スタイル』を歌うpSY。

2010年代

ドラマ『太陽の末裔』がアジア全域で大ヒット。

2017　ゲーム

オンラインゲーム『PUBG』が登場し、バトルロイヤルゲームの流行を生む。

2017　歴史

文在寅《ムンジェイン》が大統領に就任し、文化産業への投資を促進する政策が進む。

2018　K-POP

BLACKPINK（2016年デビュー）が国際的にブレイク。

2019　映画

ポン・ジュノ監督の映画『パラサイト 半地下の家族』が公開され、カンヌ国際映画祭でパルム・ドール受賞、その翌年に韓国映画として初のアカデミー賞受賞。

2019　歴史

5Gが韓国で世界初の商用化。コンテンツ配信やゲーム産業加速。

写真：Republic of Korea

『パラサイト』のポン・ジュノ監督と、ソン・ガンホ、パク・ソダム。

写真：Pham

9人のガールズグループ「TWICE」。

2020年代

年	分野	出来事
2020	ドラマ	Netflixでドラマ『愛の不時着』が世界的大ヒット。
	ドラマ	ウェブトゥーン原作のドラマ『梨泰院クラス』が大ヒット。
	K-POP	BTS（2013年デビュー）の『Dynamite』がビルボードで1位を獲得。
	歴史	新型コロナの影響で、韓国のエンタメ業界もデジタル配信にシフト。
2021	ドラマ	Netflixのオリジナル韓国ドラマ『イカゲーム』が世界的大ヒット。
	WT	韓国のウェブトゥーン市場が国際的に拡大し、欧米市場に進出。
2022	映画	俳優イ・ジョンジェ初監督のスパイ映画『ハント』が公開、カンヌでも話題に。
2023	K-POP	NewJeans（2022年デビュー）が世界的大ヒット。

7人グループの「BTS」。

写真：Dispatch

『イカゲーム』のイベントの様子。

写真 HansSplinter.

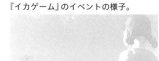

1章

企画力&プロデュース力を養う

Korea Entertainment Academics 01

韓国はエンターテインメントを大学で学ぶことができる

韓国は、大学進学率が世界一高い

韓国は、**大学の進学率が約76・2%（2023年）で、世界一だ。**日本の大学進学率が57・7%で、これも高い進学率であるが、それを遥かに上回っている。これは韓国における、大学卒業が就職の重要なステップとされる社会的背景が大きく影響している。とりわけSKY（ソウル大学・高麗大学・延世大学の頭文字）と呼ばれるソウルにある三大難関大学は、その頂点とされており、学歴社会の象徴的な存在だ。

韓国の大学の特徴は、産業と結びついた学問を教えている点だ。たとえば、韓国の重要な輸出産業となっているエンターテインメント関連の学問を学べる大学が多くあり、K-POP学科などはその最たるものだ。国際的な成功を収めている韓国のエンターテインメントは、重要な輸出産業となっており、**専門的な知識とスキルを持つ人材育成を、高等教育で行われている**ということだ。

韓国最難関のSKYのひとつで、歴史ある延世大学の校舎。グローバル人材学部 文化メディア学科 では、エンタメ業界について学べる。

多様なエンタメ学科がある

韓国のエンタメ系大学の代表格である東亜放送芸術大学には、映画、ドラマ、K-POP、美容、アニメ、ゲームといった、韓国のエンタメ産業を支える人材を育てる、10以上もの各種学科がある。

日本においては芸術系の大学は多くあるが、エンターテインメントにまつわる学問領域の多くは、専門学校にゆだねられており、そこが大きな違いといえる。

韓国のエンタメ系大学で特筆すべきは、K-POPパフォーマンス学科やK-POPプロデュース学科など、**アーティストを目指したり、プロデュースしたりすることを学べる学科もあることだ。**

K-POP学科は、2011年に百済芸術大学校のメディア音楽科が初めて開設し、これを皮切りに2013年に東亜放送芸術大学と国際大学にも新設、さらに2017年から持続的に増加し、2023年時点で10以上の大学にK-POP学科がある。

まだこの領域は、教育体系が確立されていなかったり、芸能プロダクションでのアーティストの養成との差別化が完全にできていなかったりと課題が多いが、**K-POP市場の発展と韓国のエンタメ業界を支える人材の輩出には大きな役割を果たしている。**

受験方法や入試問題も個性的

エンタメ教育をほどこす大学における入試問題は、一般的な大学の学科の筆記試験とは異なる。学科にもよるが、実技試験の課題提出がメインで、面接を重視する学科も多い。たとえば、東亜放送芸術大学のK-POP学科における入試は、こんな問題が出題される。

実技試験

「ボーカル（自由曲）」と「ダンス（自由）」のいずれか、もしくは、両方を演じなさい。

つまり、自身で録音した伴奏やダンス曲に合わせ歌や踊りの実演をすることが求められる。

学びのまとめ 01

大学に多様なエンタメ学科があり、韓国コンテンツ産業の人材育成を支える。

一次試験のオーディションや試験では、自撮りしたパフォーマンスを提出することも。

さらに、試験当日は、受験者の熱意や適性を見極めたり、将来の目標などを聞かれたり、オーディション形式で面接試験も行われる。

韓国では、エンタメ産業を国家事業ととらえており、1990年代後半から、大学での教育プログラムの整備に力を注いできた。そのような国家による政策が功を奏し、韓国のエンタメ産業は成長し、世界に大きな影響力を持つようになっている。その躍進の原動力となったのが、このような各業界を担う若者を育てる人材育成だ。

Korea Entertainment Academics 02

韓国は英語力を強化し国際志向のビジネスを展開している

国策として英語教育に力を入れる

1997年のアジア通貨危機（IMF危機）の後、韓国は経済復興のために構造改革を進め、輸出を中心としたグローバル志向の経済モデルを強化した。人口5000万人の規模で、少子高齢化の波も押し寄せる韓国では、**国内だけで経済成長を維持するには限界があり、グローバル市場での経済活動が不可欠だった。**K-POPを始めとした韓国コンテンツも、このときグローバル志向へと大きく舵を切ることになる。そして、国際市場への依存が高まることで、国際的な視点での競争力を強化するための英語力強化の必要が生じた。

韓国では、1997年に小学校3年生からの英語教育が必修となり、2000年代以降、全国の学校でネイティブスピーカーの教師による、実践的な英語教育が行われるようになった。大学においても、ソウル大学、高麗大学、延世大学などの主要大学では、特定の学部やプログラムで全授業が英語で行われるようになった。

韓国は英語村の制度を導入している。リアルな英語にふれる環境を整えることで、英語習得に大きな影響をもたらした。

教育施設「英語村」の立ち上げ

韓国には、公営で造られた英語村（イングリッシュヴィレッジ）と呼ばれる、テーマパークのような施設がある。主に小中学生が対象で、ヴィレッジ内には、実際にスーパーマーケット、病院、郵便局、レストランなどを模した施設があり、その中で**リアルな日常生活で使われる英語のコミュニケーションスキルを磨くことができる。**これらの村では、英語を母語とするネイティブスピーカーが働いている。英語漬けになることで効果を高められるように、数日から1週間程度の短期集中プログラムを受けるのが一般的だ。

学校のクラス単位で参加することもあれば、長期休暇中に個別に参加することもあるという。留学に近い体験ができる施設を国内に作ることで、英語力を引き上げている。

2024年の英語を母国語としない国の英語力を図る『EF英語能力指数（EF English Proficiency Index）』における英語力ランキングの結果は、韓国は116カ国中50位で、スコアは523点、「中程度の英語能力」と評価される。一方、日本は92位、スコア454点で「低い英語能力」と評価される。元々同水準だった二国だが、この20数年における韓国の英語教育の成果により、日本が引き離されている。

英語力が、韓国コンテンツの成功要因のひとつ

韓国のエンターテインメント業界は、この間、国際市場を意識して戦略を立ててきた。英語力は、K-POPや韓国ドラマなどのコンテンツがグローバル市場で通用するための重要な要素となっている。**世界の共通語である英語を、アーティストやクリエイターが使いこなせることは、ファン層を拡大し、国際的な露出を増やすために欠かせない。**韓国コンテンツにおける英語の効用を、いくつか例を挙げて紹介する。

2020年にアカデミー賞を受賞し、世界的な成功をおさめた映画『パラサイト 半地下の家族』のポン・ジュノ監督は、多くのメディアに英語でインタビューに応じている。複雑な内容については通訳を介することもあるが、自ら英語を活用してグローバルな視聴者にメッセー

ジを伝えている。英語のインタビューでは、ユーモアやウィットに富んだ表現を使うこともよく知られ、国際的な成功を後押しする一因となっている。

世界的な成功を収めている、BTSやBLACKPINKのメンバーは、英語を流ちょうに話すことで知られており、ファンと持ち前の英語力によってコミュニケーションをとることで、幅広い国のファンを獲得している。

韓国の芸能プロダクションにおいても、英語のネイティブスピーカーを講師として雇うなど、練習生時代からアイドルへの英語教育には力を入れている。特定のメンバーに集中的な英語教育を行い、インタビューなどに応える役割を担わせることもある。このような英語教育によって、アイドルたちは海外のファンと直接コミュニケーションをとったり、インタビューやプロモーション活動で英語を使いこなしたりすることができるようになっていく。

自ら英語で語ることが、韓国の映画やK-POPが欧米市場で成功するカギとなっている。

学びのまとめ 02

英語を使って、自ら表現することが国際的なファン獲得や評価につながる。

Korea Entertainment Academics 03

成功したコンテンツの逆算思考でアイドルのデビュー戦略を考える

成功への近道は、成功者に学ぶこと

韓国のエンタメ系大学の入試問題では、アーティストのプロデュース方法にまつわる問題が多く出題される。その理由は、エンターテインメント業界で活躍できる人材を効果的に選抜できる、この業界でやっていくための知識やセンスが求められる問題であるためだ。一例としては、次のような入試問題が出題されている。

筆記問題

BTSのグローバルな成功要因を分析し、それに基づいて新しいK-POPグループのデビュー戦略を逆算思考で立案しなさい。

これは、実際の成功事例をさかのぼって、新たな企画を立てる、**「逆算思考の企画立案」**の問題だ。ここで求められているのは、成功したアーティストの成功要因を分析する力と、その成功事例を発展させながら活用する応用力だ。

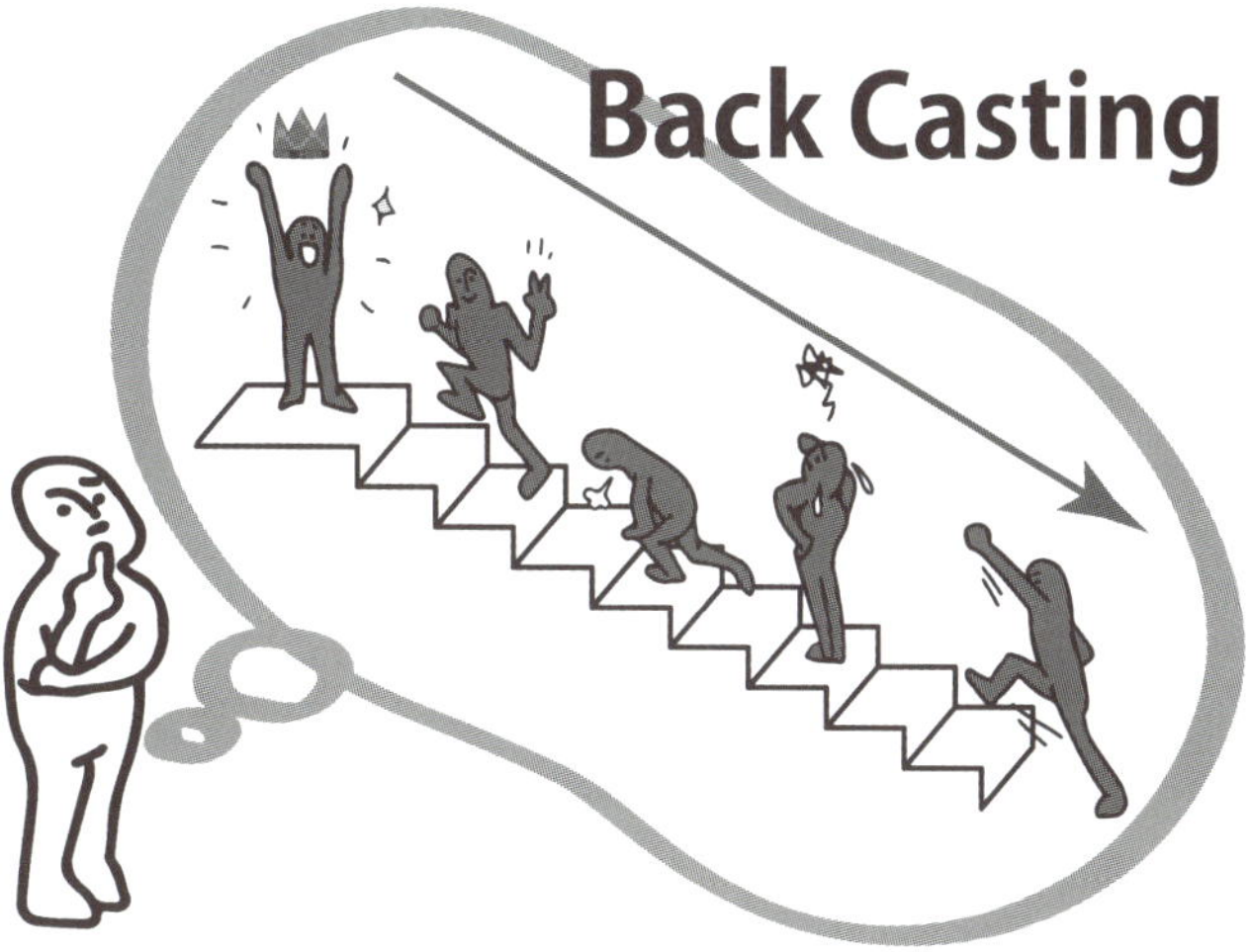

成功者を分析し、その成功した姿から逆算して、自分がどのようにステップを踏めば成功できるかを考えていく。

このような**過去の成功事例に学ぶ姿勢は、とりわけ韓国コンテンツのK-POPアイドルのプロデュース方法においては常とう手段となっている。**プロダクションによる、囲い込みの練習生のトレーニングシステム、アーティストのビジュアル基準など、過去に成功した手法に徹底的に後続がならっている。それが市場ニーズであり、成功への最短距離となるからだ。

まずは成功事例を分析する

BTSは、アメリカの音楽業界で最も権威のあるビルボードで複数回1位を獲得するなど、世界的成功をおさめた。従来のK-POPに代表される高品質な音楽とダンスパフォーマンス、美しい容姿だけでなく、ヒップホップ、R&Bなど、さまざまなジャンルの音楽を取り入れている。さらに、楽曲も自ら手掛け、歌詞には社会的なテーマが込められているのも特徴だ。たとえば『N.O』という曲の歌詞は、「SKY（韓国三大名門大学）に行かせる両親は本当に幸せなの？」など、韓国の行き過ぎた学歴主義を批判するメッセージが込められている。BTSの事務所HYBEは、当時は中小企業で、これまでの大手事務所のアイドル像と差別化した、新しいイメージを上手く作り上げていった。SNSの活用も良く知られ、Youtubeの登録者数でジャスティン・ビーバーを抜いたことも話題となり、さらに利用するSNSの媒体の豊富さと使い分けを巧みに行っている点も秀逸だ（P64）。ファンとの関係性も大事にし、熱烈なファンダム（P72）の力を借りながら、大きなムーブメントを世界中に作り上げていった。

まずは、このような成功事例を正しく分析する。次に、そこに自分の持ち味をからめて、新たなプロデュース方法を導き出していく。さまざまなアーティストをモチーフにして、逆算思考で自分なりのプロデュースを考えることが大切だ。

成功事例を自分なりに応用する

韓国の大学のエンタメ系学科では、逆算思考の企画立案を講義で行うのが一般的だ。これは、「バックキャスティング」とも呼ばれる、エンターテインメント業界でのプロジェクトマネジメントにおいて非常に重要な手法であるためだ。

たとえば学生達は、「新しいK-POPグループのデビュー計画を立てなさい」という課題を出される。最終目標であるデビュー日から逆算して、トレーニングスケジュール、マーケティング活動、メディア露出の計画などを細かく策定していく。その際に、参考とする成功事例の取り組みを参考にしながら、企画書をまとめていくという流れだ。

BTSが国際的な成功をおさめるまでに3年以上の月日を要しているのに対して、それに続くアーティストは比較的短期間で国際的な成功を収める事例も出てきている。これは**「逆算思考の企画立案」**による賜物と言えるだろう。成功者のプロセスをさかのぼって、そのプロセスの中に自分の強みを落とし、新たな成功を勝ち取る「逆算思考の企画立案」は、韓国コンテンツに限らず、さまざまなビジネス領域で活用できるプロデュース方法といえる。

学びのまとめ 03

ヒットコンテンツを分析し、その事例を応用し、成功を最短で勝ち取る！

Korea Entertainment Academics 04

グローバル市場を意識した韓国ドラマの卓越した企画力

独創的な企画力と市場分析力

韓国コンテンツにおいて、企画力は最も重要な要素だ。実際に、韓国芸術総合学校 放送映像科では、次のような入試問題が出題されている。

面接問題

視聴率を高めるための斬新なドラマ企画を立案し、そのターゲット層とマーケティング戦略を具体的に述べなさい。

この問題は事前課題として企画を作ったうえで、当日の面接で企画や市場分析の説明を求められるというものだ。**ここで求められているのは、クリエイティブな発想に加え、それを具体的に実行に移すための市場分析や視聴者ニーズに基づいた戦略であり、それらの要素がしっかりと盛り込まれていることが評価される。**

ヒット作が求められるドラマの制作現場においては、PD主導体制が用いられることが多い。制作会社でもPDになれるのはごく一握りだ。

絶対的権限を持つPD主導体制

韓国ドラマの制作は、プロデューサーである「PD（Program Director）」が絶対的な権限を持つことが多く、予算、キャスティング、脚本、演出にも口をはさむ。このPDが主導となって、ドラマの企画も進んでいく。

Netflixでヒットを連発する映像制作会社スタジオドラゴンでは、多額の契約料を支払って、脚本家や監督数百人のトップクリエイターと契約を結び、PDはいつでも自由に彼らと企画制作の打ち合わせができるシステムをとる。監督や脚本家など3～5人で1チームを作り、1つのドラマの企画書や脚本を作るのに半年以上時間をかける。

そのようにして作った企画書と数話分の脚本を、2週間に1回開催される最終意思決定機関会議にかける。この会議は、CEO（最高経営責任者）、開発統括、チーフPDなど10数人が参加し、PDはここでプレゼンをする。会議参加者全員が、その企画を5項目で評価する（「ドラマのコンセプトやテーマ」「時代性&社会性」「魅力ある登場人物か」「ドラマ構成&セリフ」「コンテンツ展開」）。その会議で採択され、初めてドラマ化が決定する。

たとえドラマ化されても、コケるドラマを作り続けるPDは、すぐにドラマの制作をさせてもらえなくなる。ドラマの全責任を背負うことになるPDは、その重責ゆえに、さまざまな領域への絶対的な権限を持つ。**PD主導体制は、練り上げた企画と脚本における、そのクリエイティブな方向性を一貫して管理し、高い完成度と柔軟な対応力を持つ作品を作りやすくなる。**

成功する企画に必要な要素とは？

スタジオドラゴンで『愛の不時着』や『星から来たあなた』などを企画・脚本し、ヒットさせたPD兼脚本家パク・ジウン氏は、企画立案で大切にしていることについて、「新しい物語を生み出すには、常に視聴者の期待にどう応えるか、またそれをどう裏切るかを考える」と述べている。**企画段階から視聴者の心理を深く分析し、それを基に、ストーリーの流れ、キャラクター設定、〝驚きのある企画〟を計画することが大切**ということだ。

スタジオドラゴンの元CEOであるキム・ウテク氏もまた、「ドラマの成否を決めるのは『企画力』である」と強調しており、とりわけNetflixなどの世界市場のストリーミングサービスにおいては、**「グローバル市場を意識した『普遍的なテーマ』と『文化的な独自性』を組み込んだ企画力が重要である」**と語っている。

ドラマ『愛の不時着』は、北朝鮮の男性と韓国の女性のラブストーリーという、普遍的でロマンティックなテーマ設定で、南北問題のデリケートな内容を扱いつつもコメディやドラマティックな要素を駆使して、国際的な視聴者が親しみやすい内容に仕上げている。

このように、韓国の文化やテーマを基盤にしつつ、国際的な視聴者に訴求できるエンターテインメント作品に仕上げていくことが、韓国のドラマづくりにおけるグローバル戦略の成功要因となっている。

学びのまとめ 04

PD主導体制で、企画と脚本を練り、驚きのあるクリエイティブな作品にする。

Korea Entertainment Academics

05 常に進化し続けている K-POPのプロデュース力

すべてのプロセスに関わるプロデュース手法

K-POPのプロデューサーたちは、それぞれ独自の哲学や手法を駆使しながら、アイドルをプロデュースしている。その一例として、韓国の音楽業界で影響力のあるプロデューサーであり、JYPエンターテインメントの創設者でもあるパク・ジニョン氏（J.Y. Park）の考え方を紹介する。

彼は、プロデュース哲学として、「真実性」と「共感性」を重視している。まず、アーティストは自身をいつわらず、内面の本当の考えや感情を表現し、自身のストーリーを伝えることを重要視する（真実性）。それがファンの親しみや共感を呼び、忠実なファンベースの形成につながっていく（共感性）。つまり、**アーティストが真実をさらけ出し、ファンと深いレベルで共感することが、長期的な成功につながるという考え方だ。**

パク・ジニョン氏のプロデュース手法は、楽曲制作から振り付け、ビジュアルコンセプトに至るまで、すべてのプロセスに深く関与し、デビュー前から一貫したコンセプトとメッセージ

中規模な芸能プロダクションKQエンターテインメントが手掛けるATEEZ。「冒険」をテーマに、エネルギッシュなパフォーマンスで世界に進出する。

を持たせ、そのグループ独自のアイデンティティを築くように指導する。

たとえば、これまでK-POPのガールズグループは同世代にかっこよさをウリにすることが多かったが、TWICEはかわいさを重視したコンセプトを徹底し、体のシルエットを見せる衣装や露出の多い衣装、パフォーマンスを避けた。また、「TT」という、泣き顔や悲しみの顔文字を表すかわいい振り付けで、子どもにも人気を集めるなど新たなファン層を獲得した。

さらにプロデュースは進化する

K-POP業界に新たな価値観をもたらしたことで注目されているのが、NewJeansをプロデュースしたミン・ヒジン氏だ。

彼女のプロデュース哲学は、過度に作り込まれたアイドル像を避け、アーティストの「自然体」と「個性」を重視するというもの。ビジュアルについても、アイドルが持つ本来の魅力を引き出すため、シンプルでありながら独自性を持たせることにこだわる。

このようなコンセプトでプロデュースされたＮｅｗＪｅａｎｓは、従来のＫ-ＰＯＰ業界でよく見られる「完璧に作り込まれたアイドル像」とは異なる、**トレンドに左右されない普遍的な魅力と自然体の美しさが、リアルな日常感としてファンに受け入れられ共感を生んだ。**

デビュー戦略においても、一般的なＫ-ＰＯＰグループのデビューがティザーやコンセプト写真を公開しファンの期待をあおることが多い中で、ＮｅｗＪｅａｎｓは何の前情報もなくいきなり『Ａｔｔｅｎｔｉｏｎ』という曲のミュージックビデオを公開するという、新しいアプローチのデビューによってＫ-ＰＯＰ業界に新鮮な風を吹き込んだ。

ファッションにおいても、ミン・ヒジン氏は「過去のものを懐かしむだけではなく、それを現代の若者が楽しめる形で再構築することが重要だ」と語り、１９９０年代や２０００年代のポップカルチャーを現代風に再解釈したスタイルを取り入れ、世代を超えたファン層を惹きつけることに成功している。このようなさまざまな新しい角度からのプロデュースで、他のＫ-ＰＯＰグループと一線を画す、大きな成功を勝ち取っている。

プロデュースを成功させるのに必要な要素は？

韓国の大学における主要なエンターテインメント関連の学科では、プロデュースについてさまざまな角度から学ぶ。次のようなプロデュースにまつわる課題がよく出題される。

課題

新しいK-POPアイドルグループをプロデュースする企画書を作成しなさい。以下の要素を含めて説明しなさい。（1グループのコンセプトとターゲット市場、2メンバーの選考基準とトレーニングプログラム、3デビューアルバムのプロモーション戦略、4国際的な成功を目指したメディア戦略）

この課題には、プロデュースに求められる要素が詰めこまれている。**プロデュースは、過去に学ぶだけでなく、市場の動向を見極めながらコンセプトを考える必要がある。さらに、既存の存在を超えるために、アッと驚くようなしかけが常に求められている。**

学びのまとめ 05

絶えず変化する世相をとらえながら、新しい角度からプロデュースする。

Korea Entertainment Academics 06

音楽を聴くものから観るものへ ミュージックビデオ（MV）の強化

世界展開に欠かせないMVの存在

K-POP成功の4要素は「ルックス」「パフォーマンス」「世界のトレンドを反映した音楽」「一流のミュージックビデオ（MV）」と言われている。なかでも、世界展開のもっとも大きなカギをにぎるのが、「MV」だ。

インターネットの普及によって、YouTubeなどを通してMVが浸透し、音楽は聴くものから観るものへと変わった。MVは、そのアイドルの音楽の世界観やメッセージを、ビジュアルとストーリーで見せることができる。そして何よりもMVは、言語の理解を超えた共感を与える力を持っており、海外の視聴者も楽しめる。

K-POP業界は映像技術への投資を惜しまないことで知られており、これがグローバル市場での成功の一因となっている。大手芸能プロダクションが制作するMVの制作費は1000万円以上かかるものが多く、中には1億円を超えるような制作費がかけられることもある。BLACKPINKの『How You Like That』やBTSの『On』などのMVは、セッ

K-POPのMVは、迫力あるカメラワークやアイドルを魅せる編集など、独自の進化をとげており、国内はもちろん、海外から留学する人も。

トデザイン、特撮、CGを駆使し、ハリウッド映画並みのスケールで制作されている。

韓国における映像技術の進歩

韓国の大学のエンタメ系学科では、2000年代初頭からハリウッドの講師を招き、撮影技術、特殊効果、脚本制作などの技術を学び、カリキュラムを強化して来た。

当初は、ハリウッドに留学して、アメリカン・フィルム・インスティテュート（AFI）やカリフォルニア大学ロサンゼルス校（UCLA）などで、本場の映像技術を直接学ぶ人も多かった。

そのような最新技術を学んだ先駆者達が、現在の韓国におけるK-POPのMV、ドラマや映画などの制作の最前線におり、映像技術の発展に貢献して来た。

映像制作会社の中には、ハリウッドから技術チームを招いた例もある。サニーヴィジュアルというプロダクションハウスは、映画『アベンジャーズ』のCGチームを招いて、視覚効果を強化している。高度なCGやVFX（視覚効果）技術の活用も進んでおり、幻想的な世界観や超現実的な映像表現も多く見られる。

現在、韓国における映像技術の発展は目覚ましく、大学のカリキュラムも非常に充実しており、留学する人は少なく韓国国内で学ぶ人がほとんどという状況だ。**最新技術にも投資し、最先端の技術力や設備を誇り、海外から留学して映像技術を学ぶ人も増えている。**

MVから韓国独自の映像技術を学ぶ

K-POPのMVの制作は、コンセプトやセットデザインなどを決定する準備段階で約2週間かかる。撮影は数日から1週間程度行われ、12時間を超える長時間の撮影が一般的だ。大掛かりな撮影には50人から100人以上のクルーが参加することもある。1本のMVを完成させるまでに、全工程で1カ月以上の時間がかかることが一般的だ。

K-POPのMVにおけるパフォーマンスの特徴は、緻密なダンスとカメラワークの融合にある。**カメラがダンスの動きに合わせてダイナミックに動く「カメラ・コレオグラフィー」が**

良く使われる。ダンスの振り付けとカメラアングルの計算された組み合わせで、視覚的なインパクトを最大化しているのだ。

K-POPのMVには、最先端の映像技術や、韓国特有の映像表現、撮影技術などが凝縮している。大学で映像の編集技術や撮影技術などを学ぶ学生達は、実際にK-POPのMVを教材として使い、事例研究を行っている。そのMVの中の特有のビジュアルコンセプトやストーリーテリング、色使い、カメラワークなどを分析することで、さまざまな技術を習得している。

韓国では、当初はハリウッドなどから最先端の技術を学びながら、**K-POPの良さを引き出す技術を模索し、独自の映像技術を育みMVを進化させて来た。**このような絶え間ない技術の発展が、K-POPのパフォーマンスの魅力を最大限に引き出し、世界の視聴者を虜にする躍動感あるMVの制作を実現している。

学びのまとめ 06

韓国の映像技術は、高度に成長し独自の進化をとげている。

Korea Entertainment Academics 07

芸能プロダクションによるアイドルを育てる練習生制度

韓国は、幼少期からダンスに親しむ環境

韓国では、幼稚園の段階から身体活動とリズム感の育成として、音楽に合わせて体を動かす教育を重視し、専任教師による指導が行われている。小学生以降も、体育の授業にリズム運動や創作ダンスのカリキュラムが組み込まれ、放課後の活動としても学校の中のダンスクラブや私設のダンススクールに通う子どもも少なくない。とりわけソウルや釜山などの都市部では、**習い事としてのダンスの人気が高く、さまざまなダンスジャンルの教室がある。**最近では、オンラインのダンススクールやボーカルレッスンなども人気だ。

韓国のエンターテインメント産業の盛り上がりと共に、スクールに通って、コンクールやオーディションに参加し、K-POPアイドルを夢見る子どもも多い。2023年のコリアヘラルド紙の調査では小学生の女子の将来なりたい職業は、教師、医師に次ぐ3位にK-POPアイドルがランクインしている。

過密スケジュールで、さまざまな領域の事柄を学び、最高のパフォーマンスができるアイドルを目指す。

練習生制度の内容は？

才能ある学生は芸能プロダクションにスカウトされたり、オーディションに通過したりして練習生となる。オーディションは、1分程度、ダンスや歌唱を披露し評価される厳しい実力主義の世界だ。短いパフォーマンスで、審査員の目にとまる演技をする必要がある。

芸能プロダクションでは、多岐にわたるトレーニングが提供される。その割合は、歌唱が76・2％で最も高く、ダンスが59・8％、演技が46・5％、人格教育が36・5％、身体訓練が31・6％の順だった。所属職員数が10人以上の芸能事務所では、その他に、シナリオ分析、語学、話術、ウォーキングなど、さらに多様な教育がほどこされる。

韓国コンテンツ振興院が発行した「大衆文化芸術産業実態調査2021」によると国内芸能事務所316社では、歌手練習生は1375人を抱えており、その年齢は満19歳以上が709人、満13～18歳以上が630人となっている。役者やモデル分野の練習生の年齢と比較すると中学生と高校生の青少年比率が高いのが特徴だという。

練習生たちは、平均して2年3カ月間にわたるプログラムを受ける。**大手芸能プロダクションでは数百人の練習生をかかえ、厳しい成長環境の中で定期的な評価を通じて成長をチェックする。**その中で、デビューまでいたるのはわずか数人で、その多くが脱落する。

このような競争環境における短期集中プログラムが、韓国のエンターテインメント産業におけるハイクオリティなパフォーマンスの土台となっている。近年は、練習生のメンタルヘルスに配慮し、心のケアを行っている芸能プロダクションも増えている。

大学のK-POP科との学びの違いは？

韓国で最も高い入試競争率の東亜放送芸術大学K-POP科でも、2019年から2021年までの卒業生75人のうち、アイドル歌手としてデビューした卒業生は1人もおらず、2022年にようやく5人デビュー、2023年に9人デビューした。いずれも同大学出身者からなる女性グループだ。

業界の競争の激しさや供給過多もあり、大学のK-POP科発のアーティストが目立った成功を収められていないのが現状だ。しかし、大手プロダクションと比較して、大学のK-POP科ならではの優位性もある。

大学のK-POP科などのプログラムは、芸能プロダクションの練習プログラムを土台に作られてはいるが、**エンターテインメント業界に関するより幅広い知識とスキルを学ぶ内容で、長期的なキャリアを築く基盤を提供している。**つまり、大手芸能プロダクションのアイドルとしてデビューできなかったとしても、運営者、技術者、トレーナーなど、その業界を支える立場でのキャリアを模索することもできる。どちらの道を選ぶかは、個々の目標や希望するキャリアパスによると言えそうだ。

学びのまとめ 07

芸能プロダクションは短期集中プログラム、大学は広範なプログラムを提供する。

Korea Entertainment Academics 08

集団生産システムによって短時間でヒットソングを量産する

K-POPの音楽の進化の歴史

K-POPの音楽は、1990年代に誕生しヒップホップやR&B要素を組み入れた曲から始まり、エレクトロポップ、EDM、トラップ、さらには多国籍な要素を取り入れながら進化を続けてきた。また、音楽、ビジュアル、パフォーマンスのすべてが統合された形で発展してきたのもK-POPの特徴であり、韓国国内からアジア、そしてグローバル市場へと広がりを見せた。

K-POPが世界的に注目を集める中で、音楽の制作は、北欧のソングライティングキャンプの手法が取り入れられるようになった。ソングライティングキャンプとは、複数の作曲家やプロデューサーなどが集まり、共同で作業することで、異なるスタイルやアイデアが交差し、新しいサウンドが生まれる場だ。韓国のソングライティングキャンプには、韓国人クリエイターだけでなく、アメリカ、スウェーデン、イギリスなどから招かれたソングライターやプロデューサーも参加し、多国籍な環境で制作している。

ソングライティングキャンプに、音楽の各分野のプロが集まり、それぞれの技術を活かしながら、短期間で楽曲を作り上げる。

ソングライティングキャンプの手法

ＳＭエンターテインメント、ＪＹＰエンターテインメント、ＹＧエンターテインメントなどの大手事務所は、定期的にソングライティングキャンプを開催している。キャンプの期間は、3～5日の短期のものもあれば、7～10日の長期のものもある。

チームメンバーは、プロデューサー、作曲家、作詞家、トップライナー、サウンドエンジニアなどが選定されることが多い。このようなチームが、同時に5～10のチームが作られて、それぞれ集中的に楽曲制作が行われる。キャンプ中、事務所スタッフやプロデューサーからリアルタイムでフィードバックを受け、より良い楽曲を目指して微調整が行われる。このようにして出来上がった曲は、特定のアーティストのために作られるものもあれば、でき上がった曲からアーティストに合う楽曲を選ぶこともある。キャンプ後に時間をかけて曲を磨き上げたり、ストックされた曲をアーティストに合うようにカスタマイズされてリリースされたり、その後の展開はさまざまだ。

SMエンターテインメント創設者のイ・スマン氏は「このソングライティングキャンプの導入がK-POPのグローバル展開において大きな役割を果たしている」と語っている。

その意味するところは、ソングライティングキャンプは、異なるバックグラウンドを持つクリエイターが互いに影響を与え合い、新しいアイデアを生み出す場である。**そのような制作スタイルが、K-POPの楽曲における多様性を生み、世界のトレンドを反映した音楽づくりを短期間で可能にしているということだ。**

大学の授業でもソングライティングキャンプを採用

東亜放送芸術大学のK-POP学科を始めとして、プロデュース、作曲、パフォーマンスを学ぶ大学では、**学生向けにソングライティングキャンプを実施しているケースは少なくない。**ここでは、実際のエンターテインメント業界で活躍するプロデューサーや作曲家が講師となり、学生たちが現場のノウハウを直接学んだり、フィードバックを得たりする。

実際に、ソングライティングキャンプに参加した学生からは次のような感想がある。まずポジティブな意見としては「個人で作曲することが多かったので、チームで意見を出し合いながら曲を作る経験は新鮮。メロディーや歌詞についての議論が多かったが、最終的にはそれぞれの役割を理解し、協力し合っていい曲が作れた」などの意見があった。ネガティブな意見としては「チームでの作業は協力が重要だが、メンバーの意見が対立し、譲れないところは、衝突することも」「テーマやスタイルがあらかじめ指定され、自由に表現できない部分があり、自分の好きな音楽スタイルが作れないときは、やりにくさを感じた」などの意見があった。

全体では共通して「実践的な学びの場として役立つ」というポジティブな評価が多く、一方で、短期間での制作に伴うプレッシャーやチーム内での意見の衝突、自由な表現が制限される窮屈さを感じる人もいたようだ。それでも、多くの学生がこの経験を通じてクリエイティブスキルを高め、音楽業界でのリアリティを学ぶ貴重な体験となっているようだ。

学びのまとめ 08

ソングライティングキャンプによって、多様性のある**グローバル**な楽曲を量産する

Korea Entertainment Academics 09

世界のトレンドを組み入れた心を動かすダンスを生み出すしくみ

世界中のダンス要素を融合して作る

何といってもK-POPの見ごたえは、完成度の高いダンスパフォーマンスにある。ダンスの制作手法はいくつかあるが、最も一般的な方法としては、チームで振付のアイデアを出し合って作られるスタイルが多い。さまざまなアイデアを出し、ひとつのダンスを作り上げていく。場合によっては、全体の統一感を見るチーフの振付師がいることもある。

グローバルな視点でのダンスの作り方としては、曲ができると、それを複数の世界のパフォーマーやダンサーに送り、振り付けをしてもらう方法もある。振り付けを依頼された振付師は、その楽曲やテーマに合わせて、いろいろな角度で撮った振り付け映像を提供する。それらの振り付けの良い部分を切り取って、ひとつのダンスにまとめていく。この作業はプロデューサーが行うことが多く、振付師にはダンスが採用されようとされまいと報酬は支払われる。

K-POP業界では、ソーシャルメディアなどを通じて各国の優秀なダンサーをリサーチし、常に才能豊かな振付師を探しており、そのようなクリエイティブなダンス制作手法が、世界の

複数の振付師に依頼することで、世界のトレンドを取り入れながら、ひとつのダンスにまとめあげていく。

トレンドを組み入れたグローバルなダンスを実現している。

BTSの「Dynamite」や「Butter」などの楽曲も、国内外の複数の振付師が共同で制作しているとされる。

一人の振付師が作る場合もある

韓国のダンス界で有名な振付師であるリア・キムは、TWICEの『TT』などのダンスを手掛けたことで知られている。「TTポーズ」に代表されるように、彼女の振付は非常にキャッチーであるのが特徴だ。また、**彼女は1人で振り付けを手掛けることが多く、振付には独自のスタイルが強く表れる。**

彼女の哲学は、振付を通して、楽曲のメッセージや感情を伝えることであり、「動きには意味があり、感情を表現する手段だ」と語っている。
また、同じK-POPアイドルグループであっても、メンバーの特長に合わせてカスタマイズして、個性を引き出すことを重視した振付を生み出すことにもこだわっている。
キャッチーで覚えやすい動き、ストーリーテリング、誰もがわかるユニバーサルな動き、グローバルな視点などが詰め込まれた振付は、国境を越えて多くの人々に親しまれている。

大学でダンスの振付を体系的に学べる

韓国の大学のダンスを専門とする学科やコースでは、振付の技術についても体系的に学べる。そのひとつが、ソウル芸術大学 実用舞踏科だ。将来はプロダンサー、振付師、パファーマーなどを目指す学生が多く在籍している。入試問題では、次のような問題が出題されている。

実技問題

指定されたK-POPの楽曲に合わせて、30秒間の即興ダンスを披露しなさい。

事前に準備していない曲に対して、瞬時に反応し、動きを生み出す能力が試される。リズム感と適応力の他、知らない曲でもリズムを捉え、スムーズに動けるか。自分らしい動きで即興を行えるか。振り付けに通じるようなクリエイティブな表現ができるか、などが評価される。

入学後は、振付の構成方法として、動きのデザイン、空間の使い方、グループダンスのフォーメーション作成などのスキルを学ぶ。さらに、**ＭＶ（ミュージックビデオ）やテレビパフォーマンスが重要となるＫ-ＰＯＰ業界での振付を意識し、ダンスがカメラにどのように映るか、効果的な動きを考えるためのトレーニングも行われる。**

また、ダンス公演やパフォーマンスプロジェクトに参加することで、自ら振り付けを担当し、パフォーマンスを構成するなど、実践的な機会も与えられる。さらに、インターンとしてプロダクションやダンススタジオで実際の現場を積むこともできる。このような業界のリアルな現場環境に即した実践的な学習を通して、次の時代のＫ-ＰＯＰ業界で活躍できる人材の育成が行われている。

学びのまとめ 09

チームで作ったり、一人で作ったり、ダンスの作り方は多種多様。

COLUMN_01

エンタメ業界の個性的な教育

韓国の芸能プロダクションでは、さまざまな方針を掲げて、K-POPアイドルの教育に力を入れている。

HYBE《ハイブ》（旧Big Hit Entertainment）では教育の一環として、「カリスマ教育」を行う。ただダンスや歌を練習するだけでなく、ステージでのパフォーマンス時に観客に強い印象を与える「カリスマ性」を発揮する訓練だ。その内容は、観客を惹きつける表情や視線の使い方、観客とのコミュニケーション方法など、細かい部分にまで及ぶ。BTSのテヒョンは、この教育を通じてステージ上での「目の使い方」をマスターし、強烈な印象を与えるパフォーマーになったと言われている。

JYPエンターテインメントでは、リーダー候補者に対して、グループの方向性を決めるディスカッションや、メンバー同士の対立を解決するコミュニケーションスキルをトレーニングする。ITZY《イッチ》のイェジはこの訓練を通じて、自身の意見を伝える力や、他のメンバーを理解し支える役割を学び、信頼されるリーダーに成長したと言われている。

韓国のプロダクションの多くで共通するのは、礼儀作法や人間教育に力を入れていることだ。スタッフやファンへの礼儀、韓国文化おける先輩への敬意、チームとしての調和を大切にする姿勢などが徹底されており、K-POPアイドルに共通する誠実さや謙虚な姿勢は、このような教育により実現している。

2章

マーケティング力&宣伝力を身につける

Korea Entertainment Academics 10

世界戦略の成功のカギをにぎるK-POPのSNSの徹底活用術

K-POPの主となるプロモーション手段

デジタル時代において、ソーシャルメディア戦略は、効果的にターゲットのオーディエンスとつながれる、欠かせないプロモーション手段となっている。

K-POP業界においては、さまざま成功事例があり、日々進化し続けている。**たとえば、TikTokやInstagramのリールで行われるダンスチャレンジは、自らの楽曲の振付を披露し、視聴者にチャレンジしてもらうという企画だ。**多くの人が自分の踊った動画を投稿し、楽曲が多くの人に拡散されていく（バイラル効果）。これまでBTSの『Permission to Dance』やBLACKPINKの『How You Like That』、Stray Kidsの『神メニュー（God's Menu）』などの楽曲が世界中で注目を集めた。

他にも、ハッシュタグキャンペーン、ファンアートコンテスト、バースデー動画リレー、コラボチャレンジなどもよく活用されている。

K-POPでは、SNSの特性や利用するターゲットを見据えて、プロモーション戦略が練られている。

複数SNSを同時並行で活用する

K-POPのプロモーションでは、多様なSNSを、その特徴を活かしながら、並行して活用していくことが一般的だ。

YouTubeは、ミュージックビデオだけでなく、ステージ動画、練習動画、オフショットなどが公開され、5～10分程度の短いものから1時間近いものもある。

X（旧Twitter）は、オフィシャルな情報の発信だけでなく、メンバーが投稿するアカウントがある場合もあり、基本は文字情報が中心となる。

Facebookは、情報はXと方向性は同じだが、やや文章が長めで、写真が多く投稿される傾向にある。

Ｉｎｓｔａｇｒａｍは、ビジュアル重視で、写真や短めの動画が投稿される。

ＴｉｋＴｏｋは、Ｚ世代やミレニアム世代を対象に短い動画が投稿される。

さらに、韓国発のＳＮＳとして、リアルタイムでファンとの交流やライブ配信を行えるＶＬＩＶＥや、アーティストごとにコミュニティを形成するＷｅｖｅｒｓｅなども活用される。

多様なＳＮＳのプラットフォームの特徴を活かしながら、ターゲットとなるファンに刺さる、さまざまな趣向を凝らした投稿が求められている。

大学でもＳＮＳは重要な研究テーマ

Ｋ-ＰＯＰのＳＮＳを使ったマーケティング手法は、エンタメ系の大学においては非常に重要な研究テーマとなっている。韓国で最も古い私立大学であり、ＳＫＹのひとつである延世大学のグローバル人材学部 文化メディア学科などでは、ＳＮＳの活用理論を学ぶ。そしてＳＮＳにまつわる課題としては、次のような問題がよく出される。

課題問題

新しいＫ-ＰＯＰグループのデビューに向けたソーシャルメディア戦略を立案しなさい。以下の要素を含め説明しなさい。（1プラットフォームの選定と理由、2ソーシャルメディアコンテンツの企画とスケジュール、3インフルエンサーマーケティングの活用）

この問題は、**SNSのプラットフォームごとの特徴をおさえ、複数のプラットフォームを活用しながらソーシャルメディア戦略を提案していくことが大事だ。**また、デビュー前、デビュー直前、デビュー後など、段階ごとに、SNSを活用したファンづくりや、ファンへの情報発信、イベントなどのアイデアも求められている。さらに、K-POP専門インフルエンサーとのコラボや、海外インフルエンサーの活用など、K-POPに強い影響力を持つインフルエンサーマーケティングの視点も求められている。

実際に、韓国の大学の授業では、学生がK-POPアイドルのソーシャルメディア戦略を策定してキャンペーンを実施したり、インフルエンサーを講師に招いてワークショップを実施したりしている。さらに、海外の大学との共同のソーシャルマーケティングプロジェクトで、異文化理解や市場の違いを考慮しながらSNSの戦略立案を学ぶなど、グローバルな視点でのSNS活用の研究も進んでいる。

学びのまとめ 10

その国の文化や対象に合わせ、SNSを巧みに使い分ける。

Korea Entertainment Academics 11

激しい競争環境の中で多様なドラマジャンルが育まれる

韓国のドラマジャンルの拡大

１９７０年から１９８０年代の韓国ドラマは、家族ドラマや歴史ドラマが中心だった。１９９０年代に入ると、メロドラマや恋愛ドラマが人気を博し、後半からは感情の葛藤や運命的な恋愛を描いたドラマが視聴者を惹きつけ、「韓流ドラマ」としてアジア全域で人気を呼んだ。この流れを汲んだのが、日本で大ヒットした『冬のソナタ』（２００２年）だ。

さらに**２０００年代に入ると、ラブロマンス以外にも、アクション、サスペンス、ホラー、ファンタジーなど、多様なジャンルが取り入れられ始め、ジャンルをまたぐ「ハイブリッドドラマ」も登場**し、やがて犯罪サスペンスや法廷ドラマも作られるようになる。２０１０年代になると、さらにジャンルが多様化し、国際市場を意識した作品が増えた。この時期には、『ミセン』（２０１４年）や『ＳＫＹキャッスル』（２０１８年）など、社会問題をテーマにしたドラマが多く制作され、視聴者に深いメッセージを投げかけた。

２０２０年代頃からは、『梨泰院《イテウォン》クラス』（２０２０年）などのウェブトゥーン原作ドラマが

韓国ドラマを放送・配信する会社

ストリーミングサービス
Netflix（米国から2016年に参入）
TVING（CJ ENM運営）
Wavve（KBS、SBS、MBC共同運営）
Disney+（米国から2021年に参入）
Coupang Play（大手Eコマース運営）
Watcha（映画レビューサイト運営）
など

地上波テレビ
KBS（韓国放送公社）※公営
MBC（文化放送）
SBS（ソウル放送）　など

ケーブルテレビ
tvN
JTBC
OCN　など

ドラマを放送する主な事業者だけでもこれだけあり、激しい視聴者の獲得合戦が繰り広げられている。

増加する。さらに、NetflixやDisney+などのストリーミングサービスが台頭し、国際的な視聴者をターゲットにした作品が増える。『イカゲーム』（2021年）など実験的なジャンルや挑戦的なテーマが試されるようになった。

民主化や競争環境により多様化へ

1980年代以前は、政府の検閲や規制が強かったため、韓国社会の暗い側面や社会問題を取り扱うことは難しかった。韓国のドラマのジャンルが多様化し始めた、**1990年代後半から2000年代にかけては、民主化の進展とともに、表現の自由が拡大した。**

さらに、この時期にケーブルテレビが誕生したことで、新しいチャンネルが一挙に増えた。ケーブルテレビでは、地上派と差別化し、より高い視聴率をとるために、多様なジャンルのドラマを作った。そこに、2020年前後、Netflixなどのインターネット上でドラマを見られるコンテンツが加わった。**このような多チャンネル化により、さらに競争が激化し、多様なテーマのドラマが追求されるようになった。**

韓国のドラマジャンルは、このような民主化の流れや、多チャンネル化による激しい競争環境の中で多様化するとともに、リアリズムの追求やタブーの開放が進んでいった。格差問題、学歴至上主義、整形社会、政治の腐敗、南北問題など、自国の現実と向き合い、より強いインパクトとともに、世界にメッセージ性のある作品を発信している。

ドラマのジャンルが研究対象に

韓国の大学の韓国文学やメディア、映像学、文化研究にまつわる学科では、韓国ドラマのジャンルやテーマが研究対象となり、入試問題でも関連した内容がよく出題される。高麗大学の文学部 メディア学部では、このような問題が出題されている。

筆記問題

近年の韓国ドラマで取り上げられる格差社会やジェンダー問題について、特定のジャンルや作品を挙げて、その表現方法と社会的影響を論じなさい。

さらに、韓国芸術総合学校の映画・ドラマ学部では、次のような問題も出題されている。

筆記問題

韓国ドラマにおけるサスペンス・スリラーのジャンルが、視聴者に与える影響とその成功要因を分析しなさい。今後のトレンドも考察しなさい。

これらの問題は、受験生の韓国の文化理解や分析力が評価される問題だ。具体的な作品を例に挙げて論じる問題が多いため、韓国のドラマに関する深い知識やトレンドも求められ、同時に韓国社会との関連性や歴史的な流れを考えることも重視されている。

韓国ドラマは、テクノロジーの進化やグローバル化、社会的な変化に対応しながら、多様なジャンルを融合させた実験的かつ社会問題への視点も持つ作品を追求してきた。次の時代の韓国ドラマも、さらなる革新へ向かっていくだろう。

学びのまとめ 11

競争環境における多ジャンル化の追求が、韓国ドラマの革新性を生みだしている。

Korea Entertainment Academics

12 K-POPアイドルを支えるファンダムという存在

組織的な連携の中で動く「ファンダム」

韓国のK-POPのファン集団を表す「ファンダム」という言葉は、英語の"fandom"から来ている。この単語はファン(fan)と王国や領域を意味するキングダム(kingdom)の"dom"が組み合わさってできた言葉で、K-POP文化がファンダムの概念を大衆化させた。

日本のアイドルファンが、比較的ファン同士の連携が緩やかなのに対して、**韓国のファンダムはファン同士のつながりが強く、特定のプロジェクトやイベントに結束して取り組むのが大きな特徴だ。**また、SNSなどを通じた、国際的なファン同士の結びつきも強い。

特に、オンラインでの活動が活発で、音楽番組での投票、YouTubeの再生回数、SNSでのトレンド操作などが重要視され、国際的なファン同士のつながりの中で、強力なPR部隊として組織的な活動が展開されていく。

BTSの「ARMY」やBLACKPINKの「BLINK」などのように、ファンダムには特定の思い入れのある名前が付けられることが一般的で、事務所やメンバーが決める場合と、

ファン同士の横のつながりが強固で、組織的な動きをするのが韓国ファンダムの大きな特徴。

ファン投票などによって決められる場合がある。

ファンダムの活動事例

ファンたちは、SNSなどで互いに連絡を取り合いながら、自分の好きなK-POPのアイドルのプロモーション活動にも積極的に参加する。

たとえば、好きなアイドルの歌をチャートでトップにつけるために大量にCDを買ったり、テレビ局やラジオ局にリクエストしたり、ストリーミング再生数を上げたりと、組織的な行動をとる。

SNSを活用して積極的にPRも展開する。たとえば、Twitterのハッシュタグキャンペーンは盛んで、世界中のファンと連携し、世界的なトレンドを作り上げていく。

また、アイドルの誕生日のたびに、ファンがカフェを借り切って装飾するなどして誕生日を祝う「センイル（誕生日）カフェ」が開催され、韓国だけでなく、アジア、ヨーロッパ、アメリカなどの都市部を中心に開催されている。

K-POPにおける世界戦略において、ファンダムの存在は、単なるファンにとどまらず、アイドルを全面的に下支えしてくれる、成功のために極めて重要な存在となっている。

「ファンダム」による文化交流

韓国の大学においても、ファンダムは重要な研究テーマであり、その成り立ちや現在の取り組みが着目されている。高麗大学 メディア学部などを始めとしたメディア系の学部・学科では次のような課題がよく出される。

課題

K-POPファンダムがソーシャルメディアを通じてどのようにグローバルな文化交流を促進しているか、具体例を挙げて論じなさい。

この問題は、「ファンダムの国際的な広がり」や「ソーシャルメディアの活用」、「オンラインイベントやプロモーション活動」などに触れながら、ファン同士の活動に留まらない現在のグローバルな文化交流について触れることがポイントとなる。

ファンダムはSNSを通じて、異なる言語や文化背景を持つファン同士がコミュニケーションを取り、各国の文化を共有しながら活動することで、グローバルな視点が育まれている。オンライン翻訳ツールやファンによる字幕制作活動なども、文化の壁を超えた交流を支えている。

このようなグローバルなファンダムの広がり、ソーシャルメディアでの情報拡散、そしてオンラインイベントを通じた活動が、国際社会における新しい形の文化交流を生み出している。

いまやK-POPのファンダムは、音楽やエンターテインメントの枠にとどまらず、異なる文化や国境を超えたコミュニケーションを可能にするグローバルな文化交流をけん引する重要な役割も果たしている。

12 学びのまとめ

K-POPのグローバルな広がりの中で、ファンダムは、文化交流の役割も担う。

Korea Entertainment Academics

13 国際イベントを開催しグローバル展開につなげる

国内外に影響力を持つイベントが多数

韓国文化を世界に紹介するための大規模なコンベンションである「KCON《ケイコン》（Korea Convention）」は、2012年にアメリカのカリフォルニア州で初めて開催されて以来、アジア、ヨーロッパ、南米など、毎年10カ所以上の世界各地の都市で開催されている。ここでは韓国の音楽、ファッション、ビューティー、食文化など、さまざまなKカルチャーを総合的に体験でき、K-POPアイドルのコンサートも開催される。

国内の代表的なイベントとしては、ウェブトゥーン関連では、「富川国際漫画フェスティバル（BICOF）」がある。国内外の優れたドラマを表彰する国際的なイベント「ソウル国際ドラマアワード（SDA）」や、韓国最大の映画祭「釜山《プサン》国際映画祭（BIFF）」も影響力のあるイベントだ。K-POPを中心にアジア各国のアーティストが集まるイベント「MAMA（Mnet Asian Music Awards）」はアジア最大級の音楽授賞式だ。

このように韓国では、自国のエンタメコンテンツを、国際的な視点に立ったイベントを開催

釜山国際映画祭の会場である「釜山映画の殿堂（Busan Cinema Center）」。屋根にLEDライトが施されたビッグルーフが印象的。

することで知名度を高めたり、地位を向上させたりして、グローバル展開に成功してきた。

韓国のイベントの成功要因は？

韓国はイベントで、さまざま自国のコンテンツを世界に普及させてきたが、その成功要因はいくつかあげられる。

まず、**韓国のエンタメイベントは、企画段階からグローバル展開を前提にし、海外市場をターゲットに作られている。**そして、SNSやオンラインプラットフォームを最大限に活用して、ファンダムによる組織的で強力なプロモーションが自発的に展開されていく。

さらに、国際映画祭や音楽授賞式には、**補助金やプロモーション支援が行われるなど、政府の支援や後押しがあり、エンタメイベン**

トの国際展開を戦略的に推進している。 もちろん日本にも政府の支援はあるが、韓国と比較すると限定的だったり、必要な場所に支援が投じられていなかったりという問題がある。

そして、**イベント内容も柔軟で、革新性があり、トレンドを反映したパフォーマンスが導入されている。** たとえば国際的なコンベンションKCONでは、最新のデジタル技術を取り入れた体験型コンテンツが展開されている。コロナ禍のオンラインイベントでは、マルチカメラアングルや、3DおよびVRコンテンツの活用によって、家にいながらスマホなどを通して、ライブ会場にいるような臨場感を再現した。さらに、近年のリアルイベントでは、ファンがAR技術を使って自分自身を仮想空間に投影し、アーティストと共にパフォーマンスすることを可能にするなど、従来にない革新的な要素を加えている。

大学でイベントの企画を立案する

大学においても、エンタメ系イベントは重要な学びのテーマとなっている。延世大学校のグローバル人材学部 文化メディア学科では、マーケティング、ファイナンス、戦略管理など、エンタメ業界に特化したビジネススキルを意識した教育をほどこしている。ここでは、次のような課題が出される。

課題

K-POPフェスティバルを企画しなさい。以下の要素を含めて詳細に説明しなさい。（1イベントのテーマとターゲットオーディエンス、2アーティストのラインナップとスケジュール、3マーケティングとプロモーション戦略）

この問題は、K-POPやエンターテインメント産業に関心のある学生に、イベントの企画の立案と実行に必要な総合的なスキルを試すものだ。

韓国のエンタメ業界におけるイベントによるプロモーションは、世界を視野にいれたグローバル戦略において欠かせないものだ。**韓国のエンタメ産業全体の国際的な成長を後押しし、韓国が世界のエンタメ市場で主要なプレイヤーとなるための重要な手段**として、今後もイベントの積極的な展開が行われていく。

学びのまとめ 13

国際イベントは、韓国エンタメ業界が、グローバルな地位を高める重要な手段。

Korea Entertainment Academics 14

韓国コンテンツにおける成功のためのプロモーション活動

大学でプロモーションを学ぶ

韓国のコンテンツを普及させるには、**国際的な視点の「プロモーション活動」が欠かせない。そのコンテンツの魅力を「ターゲット市場」に、どのような「メディア戦略」でとどけるか。またその「評価測定」をどうするかが重要になる。**韓国のエンタメ系大学のテレビ・マルチメディア関連学科の課題として、次のような問題がよく出題される。

課題

新しい韓国映画の公開に向けた宣伝キャンペーンを企画しなさい。以下の要素を含めて説明しなさい。（1ターゲット市場と観客層の分析、2使用するメディアと宣伝手段、3プロモーション活動とイベントの計画、4宣伝効果の測定方法）

ここでは映画マーケティングの全体像を理解し、実務的な企画力を示すことが求められる。

まず「ターゲット市場」は、映画のジャンルや内容に合わせたターゲット層を具体的に設定

『イカゲーム』のプロモーションの様子。ドラマで登場する巨大な人形「ムグンファ（だるまさんがころんだの人形）」がインパクト大。

することが重要だ。また、韓国エンタメコンテンツにおいては、グローバル市場も視野に入れることが必須だ。

「メディア戦略」は、SNSを始めとしたデジタルと、テレビ、ラジオ、新聞、雑誌等のトラディショナルメディアをバランスよく活用し、ターゲット層にリーチできる具体的な手段がポイントとなる。

「プロモーション活動」は、プレミア上映やオンラインイベントなど、実際に実施可能なプロモーションアイデアを詳細に述べる必要がある。映画のテーマに沿ったクリエイティブな内容がより評価される。

「効果測定」は、定量的なデータ分析（SNSのいいねの数、興行収入、観客動員数など）と定性的なフィードバック（ユーザーレビューやアンケート調査、SNSのトレンド把握）の両方を含めることで、総合的に効果を評価する視点が重要となる。

ここで取り上げた内容は、あくまで基本的なプロモーション手法の流れであるが、実際にはよりクリエイティブに、ターゲットに刺さるプロモーションが現場では求められる。

韓国コンテンツのプロモーション成功事例

アカデミー賞を受賞した韓国映画『パラサイト 半地下の家族』は、戦略的なプロモーションが成功の一因となった。主要都市でのプレミア上映とともに、映画のテーマである「階級差」を強調したマーケティングを展開。公開後には映画内に登場する「半地下の家」を体験できるセットやオブジェで、視覚的に映画の世界観を再現した。これにより、映画の社会的メッセージとともに話題性が高まり、長期にわたって注目された。

Ｎｅｔｆｌｉｘの韓国ドラマ『イカゲーム』のプロモーションで特に注目されたのは、世界各地に設置された巨大な人形やセットだ。韓国の地下鉄やショッピングモールに再現されたゲームセットは、インスタレーションアートのような体験型プロモーションとして、観光客や地元民に強いインパクトを与えた。また、SNS上でのバイラルキャンペーンも行われ、視覚的に強い印象を与える要素が効果的に活用された。

テレビドラマとして話題作となった『愛の不時着』は、Ｎｅｔｆｌｉｘの公開に合わせて、20代から40代の女性で韓国ドラマに馴染みのない人も含めた幅広いターゲットを設定し、グローバルなプロモーションを展開した。Ｔｗｉｔｔｅｒ（現Ｘ）、Ｉｎｓｔａｇｒａｍ、ＴｉｋＴｏｋなどのＳＮＳで、視聴者がドラマの名シーンを再現したり、関連するハッシュタグ（#CrashLandingOnYou）で感想をシェアしたりするキャンペーンが行われ、口コミ効果によって拡散された。

韓国コンテンツのプロモーション成功法則は、その作品のテーマに沿ったターゲット設定やユニークなイベント、さらにファンを巻き込んだＳＮＳを活用した話題づくり、そしてグローバルな視点を統合した多層的なアプローチにある。これらの要素が相互に作用し、プロモーションが大きな成功を収めている。

学びのまとめ 14

作品のテーマに沿って、話題性を喚起する印象的なプロモーション活動を展開する。

Korea Entertainment Academics 15

K-POPアイドルグループ成功するメンバーの選び方

メンバーには役割分担がある

K-POPグループは、デビューするにあたって、ビジュアル、歌、ダンス、ラップなど、その特性に応じて役割が与えられ、バランスの取れたチームとしてデビューすることが多い。一般的には、ビジュアル面で注目される「ビジュアルライン」、歌唱力が求められる「ボーカルライン」、「ダンスパフォーマンスを引っ張る「ダンスライン」、「ラップのパートを受け持つ「ラップライン」といった分け方で、メンバーに役割を持たせることが多い。また、K-POPはパフォーマンスの完成度が非常に重要視されるため、チームワークも大切で、取りまとめ役であるリーダーが決められ、全体のバランスも配慮される。

NewJeansのプロデューサーであるミン・ヒジン氏は、5人のメンバーを選んだ理由についてこう語っている。

「グループでの活動はチームワークが重要です。全く異なる性格や個性の融合は、個人個人に競争力があるという前提の下で、集団内に自然と自信を誘発させ、安定感を形成できます。自

K-POPグループONEUS（ワナス）のパフォーマンスの様子。ボーカル、ダンサー、ラッパー、ビジュアルなど、役割を決めて活動している。

発的にお互いの個性を尊重し、それぞれの魅力を自信を持ってアピールできる環境を生み出したかったのです」

個々のパフォーマンスは重要であるが、それ以上に**グループ全体としてシナジーを生み出せるか、それがメンバー選定の重要な要素になっているようだ。**

K-POPオーディション番組

K-POPオーディション番組では、実際にアイドルグループのメンバーの選考プロセスを見られる。このような企画は、韓国では2000年代初頭に始まり、2009年以降から本格的なアイドルグループの設立を目的とした番組が作られるようになった。2016年から始まった『PRODUCE 101』

の放送以降、視聴者参加型のオーディション形式が確立された。さらに2019年には日本でも放送され、日本人だけのボーイズグループJO1《ジェイオーワン》がデビューしている。2019年から2020年にかけて放送された『Nizi Project』は、JYPエンターテインメントと日本のソニーミュージックが共同で制作したグローバルオーディション番組で、日本と海外からの応募者が参加し、ガールズグループNiziU《ニジュー》が誕生している。2021年に放送された『Girls Planet 999』は、韓国、日本、中国から参加者が集まり、グローバルなガールズグループを結成することを目的としたオーディション番組で、最終的に多国籍ガールズグループKep1er《ケプラー》が結成された。

K-POPオーディション番組では、**歌唱力、ダンススキル、ラップスキル、ビジュアル、個性、ステージパフォーマンス、成長ポテンシャル、チームワークなど、多様な評価基準が設けられ、さらに視聴者の投票が加わって、最終的なメンバーが選ばれる。**このような視聴者参加型によってファンとの結びつきを強め、K-POPは人気をさらに高めた。

世界戦略に欠かせない多国籍メンバー

韓国の大学のメディアコミュニケーション学科などでは、K-POPアイドルにおける多国籍メンバーに焦点をあてる、次のような入試問題が出題されている。

筆記問題

K-POPアイドルの多国籍メンバーがK-POPのグローバル展開に与える影響を具体的な事例を挙げて論じなさい。

TWICE《トゥワイス》は韓国、日本、台湾出身の9人メンバーで構成されており、その多国籍なメンバー構成が、グローバルなファンベースの形成に大きく寄与している。特に日本出身のメンバー（サナ、ミナ、モモ）の存在は、日本市場での成功の大きな要因となっている。

NCT《エヌシーティー》は、多国籍かつ多様なメンバー構成を特徴とし、韓国、日本、中国、タイ、アメリカ出身の20人のメンバーで活動を展開している。各国のメンバーが母国語でファンとコミュニケーションを取ることで、言語の壁を超えたファンとのつながりを強化している。

多国籍メンバーは、K-POPアイドルが、文化的な壁を越えて受け入れられるカギを握る。

学びのまとめ 15

メンバー同士が生み出すシナジーを考慮、多国籍メンバーもグローバル戦略に貢献。

COLUMN_02

韓国で普及するPPL（プロダクトプレイスメント）

プロダクトプレイスメント（PPL）は、ドラマや映画、音楽ビデオなどで特定の商品やブランドを自然に露出させることで、視聴者に対する認知度を高め、購買意欲を刺激する方法だ。

韓国において PPL は非常に一般的なマーケティング手法で、映画、ドラマ、MV（ミュージックビデオ）の中では頻繁に見ることができ、韓国のエンタメ業界の重要な収益源だ。

映画『パラサイト』に 2 種のインスタント麺を混ぜて作る「チャパグリ」が登場してブームとなったり、ドラマ『梨泰院クラス』で韓国のクラウドビールが頻繁に登場して売上が伸びたり、ドラマ『愛の不時着』ではスイス政府観光局がスポンサーでスイスロケが行われ観光客が増えたりと、さまざまな宣伝効果が生まれている。

BTS の『Dynamite』の MV には、Samsung（サムソン）のスマートフォンが登場したり、衣装の一部には Fila が含まれていたり、さりげない宣伝がファンの購買に結びついている。K－POP の MV の中でも、自然に多種多様な PPL によるプロモーションが行われている。

このような PPL の普及の背景には、広告を嫌ってスキップする視聴者が増えていることや、広告のない Netflix などのストリーミングサービスの普及などが、PPL が効果的な広告として注目されている要因となっている。

3章

制作力・表現力を磨く

Korea Entertainment Academics 16

韓国の映画・ドラマにおける共感を呼ぶ物語の作り方

人物の感情をいかに描くかを重視

韓国の映画やドラマの特徴のひとつは、感情に訴えるストーリーテリングだ。登場人物の感情に深く焦点を当て、視聴者が共感しやすいストーリーを作ることを重視している。**メロドラマの要素を取り入れることが多く、恋愛、家族、友情など、普遍的なテーマが描かれ、登場人物の喜びや悲しみ、怒りや愛情を強く感じるように、感情的な場面や会話が効果的に使われている。**

映画『オールド・ボーイ』『JSA』などの作品を手掛けたパク・チャヌク監督は、物語の作り方について「私はキャラクターの深層心理に焦点を当てた物語作りを大切にしている。キャラクターがどのようにしてその行動に至るのか、その背景や感情を細かく描くことで、物語に厚みが生まれると考えている」と述べている。

このような人物の感情に焦点を当て、キャラクターを中心においたストーリー展開は、韓国の映像作品の大きな特徴だ。主人公だけでなく、脇役にも深い背景や個性が与えられていること

その歴史背景の世界観の中で、しっくりとはまるキャラクターを創作することで、リアリティが生まれる。

とが多い。

感情を描くためのストーリー展開

映画やドラマに登場する人物の感情をしっかりと描くために、ストーリーの構成においては、軸となるストーリーに加えて、複数のサブプロットを設定することが一般的だ。フラッシュバックや時間軸の操作が使われて、過去の出来事やキャラクターの背景を段階的に明らかにしていくなどの手法もよく使われ、物語に深みを与えていく。

また、展開がスピーディーで、重要な出来事が次々と起こり、視聴者を飽きさせないテンポの良い展開も特徴だ。特にドラマにおいては、エピソードの終わりにクリフハンガー（次の展開を期待させる盛り上がり）が用いられ、次のエピソードへの興味を高める。予想外の展開やどんでん返しが多く使われ、視聴者の興味を引き続け、物語の最後まで緊張感を保ち続ける。

韓国の歴史や歴史人物が、創作課題になる

多くの映画監督や俳優を輩出する中央大学の映画・映像学科や演劇学科などでは、物語の作り方や演出、演技などを、多様なアプローチで学ぶ。中でも感情に訴える強いキャラクターの感情表現が非常に重視され、学生は人間の感情の深層を探り、それをどのように表現するかが求められる。このような関連学科では、次のような課題が出されることがある。

課題

光州事件を背景にしたキャラクターを創作しなさい。

光州事件は、1980年に光州で発生した民主化運動で、韓国の現代史における重要な出来事だ。多くの市民が軍事政権に対して立ち上がり、結果的に多くの犠牲者を出した。この課題は、このような歴史的な出来事があった当時の光州に住む一般市民や学生などをキャラクターとして創作していく。その人物がどのような背景を持ち、どのような動機で運動に参加するか

を深く掘り下げ、彼らが直面する恐怖や希望、葛藤を物語にどう反映させるかを考察し、人物のリアリティを追求していく。

2017年に上映された映画『タクシー運転手 約束は海を越えて』は、光州事件を描いた作品で、実話をもとにしたストーリーだ。実際に、ドイツ人記者を光州まで運んだ主人公のタクシー運転手も存在はしているが、詳細な情報はほとんど残されておらず、映画の中では架空の創作したキャラクターとして描かれている。この課題のまさにお手本となる好例だ。

韓国において物語の作り方を学ぶ際には、韓国の歴史や文化、社会問題を背景にしたキャラクターを創作したり、歴史的な人物のキャラクター設定を考えたりといった課題がよく取り入れられる。これらの方法は**韓国独自の文化的背景を活かしながら、リアルで共感性の高いキャラクターを創作する技術を習得するために役立っている。**このような、人物のリアリティと、そこから生まれる共感が、韓国の物語作りのベースとなっている。

学びのまとめ 16

歴史を背景にリアリティを追求することで、共感性の高いキャラクターが生まれる。

Korea Entertainment Academics 17

アイドルの原型は日本⁉ 韓国独自コンテンツへの道のり

日本のアイドル文化がK-POPの原型

韓国のアイドル文化は、日本の「アイドル」の概念から多くの影響を受けて、韓国文化の中で独自に変化させていった背景がある。1980年代から1990年代にかけて、日本のアイドルグループやタレントが韓国で人気を博し、これが韓国のエンターテインメント業界におけるアイドル文化の基盤となった。

SMエンターテインメントの創設者であり、K-POPの基盤を築いた人物として知られるイ・スマン氏は「日本のアイドル文化は、アイドルが長期間にわたって活動できるシステムが非常にしっかりしており、その点は韓国のアイドル文化にも大いに参考になりました」と語る。

このような日本のアイドルシステムを参考にしつつ、韓国はそれを発展させて独自のK-POPアイドルシステムを構築し、グローバル展開をしていった。たとえ言語がわからなくても楽しめるビジュアル、完成度の高いパフォーマンスを突き詰め、SNSやMV（ミュージックビデオ）を活用しながら、世界中のファンを虜にしていった。

K-POPアイドル

・完璧なビジュアルとパフォーマンス。
・グループのアイドル活動がメイン。
・グローバル戦略（外国語、多国籍メンバー）。
・SNSを活用。ファン参加型イベントも。
・ファン同士の連帯を強化（ファンダム）。
・とても厳しい育成システムを導入。

日本のアイドル

・完璧さより「かわいさ」や「親しみ」。
・ソロ活動で、ドラマ、映画にも出演。
・主に日本国内がメインターゲット。
・イベントで交流しファンとの親近感を重視。
・アイドルをサポートする応援文化。
・事務所には若手の育成システムあり。

日本のマンガ・アニメから学び世界へ

韓国の映像業界は、日本の映画アニメなどから、制作技術や物語の構築方法などを学び、それを発展させて映画やドラマの分野で世界的に確固たる地位を築いている。

韓国のウェブトゥーンも、日本のマンガ文化から大きな影響を受けながら、独自の世界的なコンテンツに発展させている。

なぜ韓国コンテンツは、このような世界的な成功をおさめることができたのだろうか？Netflixで空前の人ヒットとなった『イカゲーム』で検証したい。

『イカゲーム』は、日本の映画やマンガではおなじみの「デスゲーム」というジャンルの作品だ。これまで日本ではドラマ『バトルロワイヤル』『神さまの言うとおり』『カイジ』『今際の国のアリス』など、さまざまなデスゲーム作品が作られているが、『イカゲーム』のような記録的ヒットまではいたっていない。デスゲームは、突然理不尽なゲームに巻き込まれる設定のため、現実離れしたストーリーとなる傾向があり、また残虐なシーンも多く、万人受けする作品ではなかった。『イカゲーム』の功績は、これを誰もが見られる作品にまとめ上げたことにある。

それができたのは、韓国独自の文化背景の中に、リアリティある物語としてデスゲームの設定を組み込んだことだ。イカゲームという韓国の古くからある子ども達の遊びをベースにした理不尽なゲームに、それぞれの事情で多額の借金を抱える人々が挑戦するのだが、その背景には現在の韓国の社会情勢を反映している。**そんなリアルな世界観のもとで、デスゲームという設定に落とし込むことで、世界中の視聴者の共感を呼んだ。**

世界に受け入れられる要因とは?

韓国のメディア系学科の大学では、次のような入試問題が出題されることがある。

筆記問題

日本のアニメと韓国のドラマを比較し、成功要因と国際的影響を論じなさい。

この問題を元に考えていくと、日本のアニメは、子どもから大人まで幅広い視聴者層をターゲットにし、グローバルなテーマと普遍的なメッセージを描いている。これにより、1980年代から1990年代にかけて、アメリカやヨーロッパを中心に世界中でテレビ放送され、今日まで続くアニメ文化の基盤を築いた。

一方、韓国のエンターテインメント産業は、早期からグローバル市場をターゲットにしたコンテンツ制作を行い、多言語対応や多文化に配慮したストーリーテリングが特徴である。特に近年では、Netflixなどのストリーミングサービスを通じて、世界中の視聴者にリーチしている。

両者に共通するのは、グローバルなテーマや多文化に受け入れられるストーリーテリングであり、これが世界的な共感を生んだ最も重要な要素と言える。

学びのまとめ 17

韓国文化と融合させ、リアリティを維持し万人が楽しめる作品に昇華させた。

Korea Entertainment Academics 18

韓国エンタメ業界で求められる ここぞというときの即興力

韓国の映像制作の現場では即興力が求められる

東亜放送芸術大学 映画芸術学科の入試では面接があり、口述試験が行われる。そのひとつとして出題されるのが、**「ストーリーテリング」に関するもので、その場で与えられた写真の内容に着想を得て、即興でストーリーを構成して話をするというものだ。**たとえば、2018年には、左ページのような写真が1枚受験生に提示されて、次のような問題が出題されている。

面接問題

与えられた写真を見て、その場で内容を構成してストーリーを話しなさい。

試験当日は、30秒でストーリーを考えたあとで、審査員にそれを3分前後で話すことが求められる。写真の内容をもとに短時間でストーリーを構成することが重要となり、さらにストーリーは起承転結の構成で、より独創的でクリエイティブな内容が含まれるほど高く評価される

名作映画『ニューシネマパラダイス』を彷彿とさせるような場面設定だ。ここから、即興でどんな物語を発想し、どう組み立てていくかが求められる。

という。

韓国のドラマの制作現場は、非常にスケジュールがタイトで、放送をスタートさせながら制作をすることが普通で、厳格なスケジュールの中で、クリエイティブな制作を求められる。現場の状況や視聴者の反応で、臨機応変にストーリーの組み立てを変更したり、ストーリーを追加したりということもよく起こることだ。

もともとの素養もあるが、映画や小説などを見てストーリーを分析したり、それらを人の前で喋ってその内容についての良い点・悪い点などのフィードバックを受けたりすることが、クリエイティブな即興力を養うのには有効だ。

役者にも即興力が求められる

即興力は、映画やドラマに出演する役者にも求められることがある。建国大学 媒体演技学科や演劇系学科などの入試問題では、実際に次のような問題が出題されている。

面接問題

与えられたテーマ（例：突然の別れ、喜びの瞬間）について、即興で短い演技を行いなさい。

この問題は、役者を志す受験生に対して、表現力や創造力を問うだけでなく、柔軟な思考や行動などの即興力を試し、評価することを目的としている。

アカデミー賞作品賞を受賞した映画『パラサイト 半地下の家族』でも、役者に即興のセリフを言わせたシーンがあり、ポン・ジュノ監督が好んで使う手法であることが知られる。**即興のセリフによって物語の中にリアリティと緊張感を生み出すねらいがある。**

即興力は、さまざまな分野で有効

大学のK-POP科などの入試問題でも、「今の自分の感情をラップで表現しなさい」「与えられたテーマで即興ダンスをしなさい」など、即興力を求める問題が出題される。K-POPのアイドルにとっても、即興力は重要であるためだ。テレビ番組での気の利いたコメント、SNSでのライブ配信でのファンへの発言など、そのアイドルの言葉のひとつひとつが、ファンの心をつかむかどうかを左右する。**とりわけ、最近はファンとの交流が相互交流（インタラクティブ）なものとなっている。ファンの言葉を受けてユーモアある発言を返したり、ファンの反応を見て配慮のある言葉がけをしたり、即興力が非常に重要になっている。**

このような即興力は、芸術分野だけでなく、ビジネスを始めとしたさまざま領域でも活かすことができる。全く準備がない状態の中で、いきなり企業の理念や成長戦略を伝えたり、アドリブのパフォーマンスを披露したり、やる気を失っている従業員を励ましたり、即興力によって状況に応じた適切な言動を投げかけることができる。**ときとして、即興力によって生み出されたものが、じっくりと練られたものよりも、人の心を大きく揺さぶることがある。**

学びのまとめ 18

時間をかけずに瞬間的にひらめいた、**即興力**にしかない**リアリティ**もある。

Korea Entertainment Academics 19

国立の映画アカデミーでは超少人数制で鍛え上げる

映画人を国費で育成する

釜山《プサン》にある韓国の国立の映画学校「韓国映画アカデミー（ＫＡＦＡ）」は、全課程が1年制（以前は2年制）で、映画制作の実践的な教育をほどこしている。多くの著名な映画監督やプロデューサーを輩出しており、ポン・ジュノ監督もその一人だ。

入学条件は厳密に設定されてはいないが、ほとんどの応募者は大学卒業後に入学を希望する。ちなみに外国人でも入学は可能だ。入試は高倍率で試験内容も過酷、クリエイティブな思考や熱意、精神的なタフさを要求される。２０２５年度の募集要項を見ると、演出10名以内、撮影6名以内、プロデュース10名以内、アニメーション4名以内、サウンド4名以内という狭き門だ。**晴れて試験を突破し入学した暁には、国費の援助があるので自己負担は年間３００万ウォンで学べ、制作費は学校負担で映画を３本撮れる。**このような学校の運営費の一部は、「映画発展基金」（チケットの３％徴収）や寄付でまかなっている。

カリキュラムは過密で、月曜から金曜の朝から夕方まで、映像の実践的な講義や実技が詰まっ

カットずつ細かく見ていく「映画分析」をするイメージ図。映画監督として、テーマにそった構成力を養うことができる。

ている。さらに週末は映画撮影があるため、映画漬けの日々となる。

最も過酷な「映画分析」の授業

韓国映画アカデミーで行われている「映画分析」の授業では、映画まるごと1本を、1カットずつ分析する。この授業では、学生が映画を徹底的に細かく分析し、各カットの背後にある意図や技術を深く理解し、それを自らの作品に反映できる技術の習得を目指す。

課題は映画タイトルとともにテーマが与えられる。たとえば映画『パラサイト 半地下の家族』が指定され、テーマは「社会的階層と空間デザイン」が与えられたなら、この映画における空間の使い方や、家族間の階層差を示すために建物の構造がどのように設計されているかを1カットずつ分析していく。韓国映画の他にも、香港映画でブルース・リー主演の『燃えよドラゴン』で、テーマ「アクションのリズムと編集技術」が与えられることも。ここでは作品を通じて、アクションシーンにおけるリズムや編集技術を分析し、その流れをどのように構築し、観客に緊張感を伝えるかを考える。

この「映画分析」の授業の後には、分析結果をもとに200字詰め原稿用紙50枚のレポートを提出する必要がある。この課題は毎週出されるため、学生には映画における分析力と論理的思考力の他、集中力と持久力も要求される。

毎回作品が変わり、異なるテーマに焦点を当てて徹底的に掘り下げていくため、この授業を通して、学生は映画制作における各要素（カメラワーク、照明、美術、演技など）がどのように組み合わさり、作品全体を構築しているのかを深く理解できるようになる。

この授業を受けた卒業生のコメントには「映像作品を細部まで理解する力が身につき、物語の構築や映像の美学についての深い洞察を得ることができた」「各カットがどのようにして映画全体のテーマや感情を表現しているかを深く考えるようになり、映画制作におけるディテールの重要性を学べ、映画に対する理解が根本から変わった」などがある。

過酷ではあるが、映画人に不可欠な学びを与えてくれることは間違いないようだ。

卒業生達が韓国の映像業界を担う

韓国映画アカデミーの卒業生は、８００名以上に達している。ここでは、現場の第一線で活躍できる人材の育成を目指した教育をほどこし、その卒業生の多くが韓国の映画・ドラマ業界で重要な役割を担っている。通常であれば、映画やドラマにおけるビジュアルを統括する撮影監督になるには、下積みから始めて10年はかかると言われるが、そこを飛び越えて撮影監督として働くことも可能になる。**実際に、韓国映画アカデミーを卒業したばかりの新人監督が、デビュー作とは思えないクオリティの作品を撮り、世間で話題となることも少なくない。**もちろん映画・ドラマ業界の第一線で監督として撮り続けるのは、そう簡単なことでないが。

韓国の映像業界を担う才能は、このような極めて厳しい環境における少人数体制の中で英才教育をほどこされている。実際に、韓国映画アカデミーの卒業生は多くの実績を出し、韓国の映画・ドラマの国際的な地位を高めている。

学びのまとめ 19

徹底した少数精鋭のスパルタ教育で卓越した映画人を育成している。

Korea Entertainment Academics 20

韓国俳優の演技における感情表現を磨く方法とは？

俳優養成の教育体系が確立

韓国では、俳優に対しても厳しいファンの目があり、特にリアリズムに基づいた深い演技が求められる。**そのため、韓国の俳優はデビュー前に、感情表現、キャラクターの解釈、身体表現、発声、シーンワークなど、演技に特化した厳しい訓練を受ける。**また、俳優養成のための専門的な教育機関や大学が発展しているのも特徴だ。

ドラマ『梨泰院クラス』の主演パク・ソジュンは、ソウル芸術大学 演技科卒だが、大学教育について次のように語っている。

「大学での経験は、私にとって演技の基礎を築く非常に重要な時間でした。そこで学んだことは、単に技術だけでなく、キャラクターに対する深い理解と感情の表現方法でした。即興演技（P98）や身体表現の訓練が特に印象的で、これが私の演技スタイルに大きな影響を与えました」

韓国の大学での俳優養成プログラムでは、さまざま取り組みを通して、俳優の表現力を磨いていく。以降でその一例を紹介していく。

役者が「ハン」の感情を表現しているイメージ画。韓国ならではのこの感情表現が、大きな感動を呼び起こす。

韓国ならではの「恨《ハン》」を表現する

韓国の映画やドラマは、現代韓国社会を反映したリアリズムに基づく脚本が多く使用されるが、これらの脚本研究を通して、俳優は社会的なテーマと向き合い、現代の人々の生活感情をリアルに表現する力を養う。

シーンスタディでは、共演者との感情的な交流を深め、相手の感情に反応する能力を磨く。俳優は他者とのつながりを感じながら、リアリティのある演技を追求する。

韓国の伝統的な語り物音楽であるパンソリの技法を学び、感情を声で伝える力やリズム感を養うトレーニングも採用される。

さらに、韓国ならではの感情表現として、「恨（ハン）」の概念を理解し、それを表現するトレーニングがある。**「ハン」とは、韓国文化に根ざした独特の感情で、抑圧された苦しみ、悲しみ、憤りといった感情が積み重なった状態を指す。憎しみのようなネガティブな感情を含むこともあるが、それ以上に深い悲しみや切なさがあり、それを乗り越えようとする希望や強さも含んでいる感情だ。**俳優は、歴史的な出来事や社会的な問題を題材にしたシーンスタディを通じて、キャラクターの内面に潜む「ハン」を理解し、それを自然で深みのある演技で表現することが求められる。「ハン」の感情をうまく表現できる俳優は、視聴者に強い感動を与えることができ、人気にもつながっていく。このような「ハン」の概念は、韓国ドラマや映画が感情的に非常に力強いと評価される一因にもなっている。

大学の演劇科は競争率が高い

韓国芸術総合学校は、芸術分野で最も権威ある大学の一つで、特に演技科は毎年多くの志願者が集まり、倍率は１００倍を超えることもある。一次試験では次のような問題が出される。

実技問題

自身で準備した台本をもとに、1〜2分以内のモノローグまたはシーンを演じなさい。また、1分以内に歌（ミュージカル、歌曲、パンソリなど）を歌うか、アクションで身体能力を最大限発揮しなさい。

審査員は、受験者が役柄をどれだけ独自の解釈で演じられるかを重視するとともに、受験者の個性や創造力がどの程度表現されているかも評価していく。さらに、二次試験ではモノローグ演技、歌、作文、口述、演技ワークショップなどがテーマや時間制限などを設けて行われる。

大学の演技学科は、総じて競争倍率が高い傾向にある。このような試験を通過するには、卓越した演技力、創造力、そして深い自己表現力が求められ、それを習得するための厳しいトレーニングや自己研鑽が必要とされる。

また日本同様に、演劇の世界でキャリアをスタートさせ、映画やドラマで活躍する俳優も多い。芸能プロダクションからのデビューや、アイドルやモデルからの転身など、俳優としてのキャリアを築く方法は多様なアプローチがある。どんなアプローチであっても、厳しいファンの目にさらされる韓国の俳優は、演技と真摯に向き合い、表現力を磨き表舞台に立つことが求められている。そしてこのような環境が、韓国の役者の高い演技力の水準を維持している。

学びのまとめ 20

韓国ならではの感情表現とファンの目が、役者の高い演技力を育む。

Korea Entertainment Academics

21 韓国エンタメ業界における美容・メイク・整形の考え方

「K-ビューティー」と呼ばれる美容大国

韓国は美容大国として広く認知されており、その技術やトレンドはアジアを中心にしながら、欧米諸国にも大きな影響を与えている。**韓国はK-beauty（K-ビューティー）と呼ばれる美容トレンドの発信地で、韓国発のスキンケア製品やメイクアップスタイルが世界中で流行している。**特に、肌のケアまで考慮される「BBクリーム」や、自然の仕上がりでキープ力の強い「クッションファンデーション」などは、革新的な製品として国際的な人気を誇る。

韓国最大の美容イベントである「K-ビューティー エキスポ」は、通常10月に開催されている国際的なイベントだ。世界中の美容専門家が集まる場となっており、韓国の美容技術やトレンドが紹介され、グローバルな美容業界に大きな影響を与えている。また、韓国におけるK-ビューティーの発信者は、K-POPアイドルであり、この両者は切っても切れない密接な関係性にある。

韓国で生まれた美容法である「コルギ」を行っているところ。骨と筋肉に圧力をかけて血流やリンパの流れを促進させることで、小顔や美脚を目指す。

整形手術の先進国でもある

韓国は美容整形の分野で革新性と高い技術力を誇る「整形大国」としても知られている。韓国で整形外科医になるための教育とトレーニングは非常に厳格で、医師たちは徹底した実践経験と高度な技術の習得が求められる。また、レーザー技術や微細な外科手術、最新のフィラー（注入治療）などを用いた治療法など、革新的な方法が次々と生まれている。整形手術をほどこす病院では、グローバルな顧客を視野に多言語の接客に力をいれ、世界中から患者を受け入れている。

また、韓国では一般人はもとよりエンターテインメント業界でも美容整形が広く受け入れられている。整形は「より美しくなるため

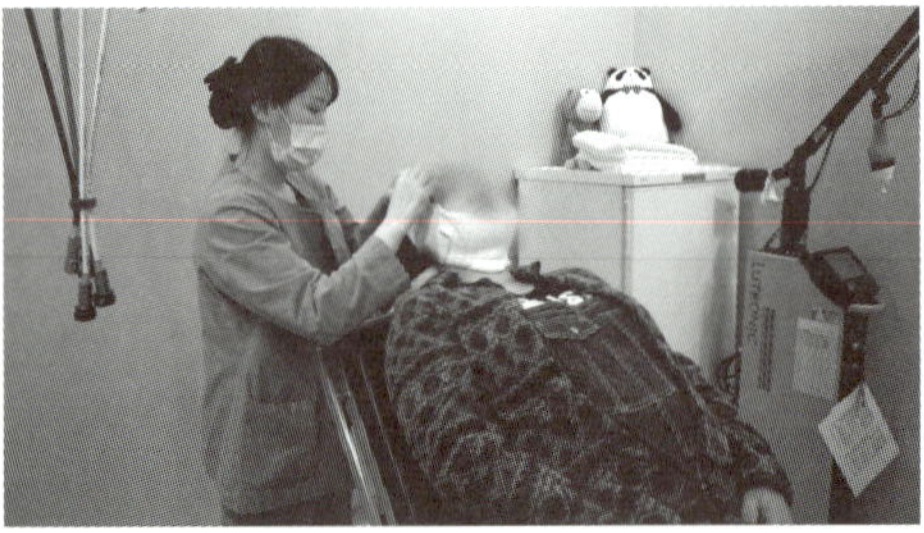

整形手術後の診断の様子。

江南駅には、美容外科の広告が並ぶ。

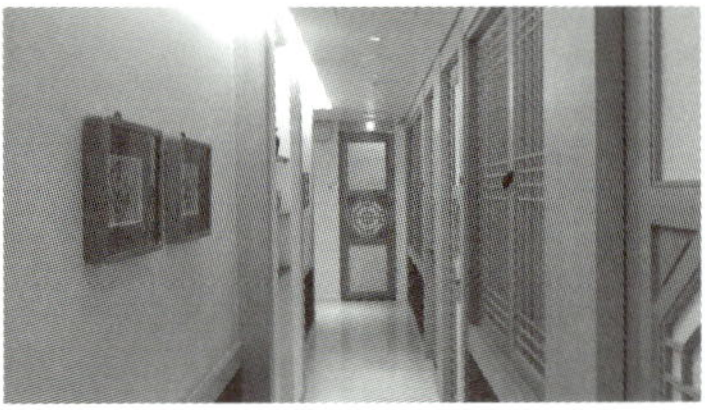

高級なクリニックの内観。

の選択」として社会的にポジティブに捉えられているのだ。たとえ、アイドルが過去に整形をしている事実がわかっても、それが大きなマイナスになることは少ないという。

　このような整形手術に寛容な社会の背景には、いくつかの要因があるといわれている。ひとつは、外見が内面の美しさや道徳を反映するものと考える儒教の思想。それにともない、就職や結婚など、見た目が重視されること。さらに、学歴至上主義で激しい競争社会であり、少しでも有利にするために外見を整える人もいるようだ。

　さらに、美しい外見を強調するK-POPアイドルが、自信を持って美を強調する姿や、その姿へのあこがれが、そのような流れに拍車をかけている。

K-ビューティーを支える人々

韓国は、スキンケアやメイクアップの分野でも、世界トップクラスと評価されている。韓国の美容専門家は、肌の状態に合わせた高度なスキンケア技術や、顔の形や色に最適なメイクアップ技術を持っている。そのような人材を育てる場として、韓国の大学には美容系の学科があり、そこで体系的に最先端の美容の技術や知識を学ぶことができる。たとえば、ソウル文化芸術大学にはトータルビューティアート学科があり、メイクアップ、ヘアデザイン、ネイルアート、スキンケアなど幅広い分野を学ぶ総合的な美容教育が行われている。卒業性は、ヘアメイクアップアーティストなどの専門的な職種だけでなく、美容業界、メディアや広告業界など、さまざまな業界に羽ばたいていく。華やかで常に移り変わる韓国の美容トレンドの裏側には、美を追求するスペシャリスト達の存在がある。

学びのまとめ 21

世界最高水準のK-ビューティーは、韓国を代表する重要なコンテンツに。

Korea
Entertainment
Academics
22

K-POPやドラマと連携する韓国のファッション事情を知る

K-POPアイドルにおけるファッションは、単なる衣装に留まらず、彼らの音楽、パフォーマンス、そしてアイデンティティを視覚的に表現する重要な要素となっている。

K-POPやドラマのファッション

グループのファッションコンセプトを明確に定めていたり、楽曲ごとにしっかりとコンセプトを打ち出したりしている。

たとえば、BLACKPINKは、ラグジュアリーで洗練されたスタイルをグループのファッションコンセプトとして強調している。メンバーそれぞれが異なるハイブランドのアンバサダーを務めるなど、高級ブランドと密接に連携しながらファッションアイコンとしての地位を確立している。

BTSは、アルバムごとに異なるファッションコンセプトを採用し、カジュアルなストリートファッションから、フォーマルで洗練されたスタイル、ヴィンテージ感を取り入れたレトロなものまで、その都度新しいイメージを幅広く打ち出している。また、ブランドと提携したり、

流行に敏感なK-ファッションの洋服を扱う店が多くある明洞のストリート。

スポーツブランドのグローバルアンバサダーも務めたりしている。

韓国のドラマに登場した服は、プロダクトプレイスメント（P88）として着ていることも多く、トレンドを作りながら、Eコマースにつなげていく販売手法も発達している。K-POPアイドルや俳優が登場するライブショッピングで、ファンと直接的な交流を通じて売上を伸ばす手法も人気がある。

このようなK-POPのステージ衣装やドラマで登場した服のデザインやスタイルは、韓国のファッション「K-ファッション」に大きな影響を及ぼしている。

「空港ファッション」も注目の的

K-POPアイドルや俳優などの日常の私

服も注目される。空港などでセレブリティが普段着で出国する様子がメディアに撮影されることが多いことから、韓国で「空港ファッション」と呼ばれ始めて、現在では世界中で使われるようになっている。

ファンからすると、アイドルの私生活や個性を垣間見ることができる貴重な機会であり、そのスタイルがトレンドになることも多い。実際に、K-POPアイドルが私服として着用したアイテムは瞬く間に完売することもしばしばだ。このようなトレンドも、K-ファッションにはいち早く取り入れられていく。

世界に影響をおよぼすK-ファッション

K-ファッションは、韓国発のファッションスタイルやトレンドを指す言葉だ。**新しい要素が次々と現れ、カジュアルと洗練を融合させたスタイルが特徴だ。K-POPや韓国ドラマから影響を受けたファッションが多く、ジェンダーレスなデザインやカラフルで大胆なアイテムが人気となっている。**

そんなK-ファッションを学ぶ場として、梨花女子大学や弘益大学にファッションデザイン学科があり、それぞれで専門的な研究が行われている。たとえば、授業ではこんな課題がよく出される。

研究課題

未来のK-ファッショントレンドを予測しなさい。

学生は、過去のデータや現在のトレンドを、消費者の購買行動や好みなどから調査し、それに基づいて、未来のK-ファッションを予測し、マーケティングやデザインの提案につなげていく。現在は、SNSやオンラインプラットフォームを通じた消費者行動の変化に注目しながら、新たなK-ファッションが生み出されていくことが多いという。

K-POPや韓国ドラマと密接に結びついたK-ファッションは、それらの韓国コンテンツの人気にともなって、韓国国内にとどまることなく海外でも広く支持され、国際的にもその影響力を拡大し続けている。

学びのまとめ 22

韓国コンテンツと結びついたK-ファッションに世界が注目！

COLUMN_03

映画・ドラマに見る韓国コンテンツ

K-pop、美容業界、e スポーツといった韓国コンテンツは、ドラマ･映画の中のテーマとして扱われることもある。一例として、Netflix では次のような作品を配信している。

ドラマ『イ・ドゥナ！』（2023 年) は、K-pop アイドルとしての華やかな一面や、その裏にある感情的な苦悩、引退後の新たな生活との向き合い方をリアルに表現する。主演を演じたのは実際の元 K-pop アイドルで、それも共感を生んだ。Netflix のグローバルランキングでもトップ 10 入りを果たすなど、成功を収めた。

ドラマ『セレブリティ』（2023 年）は、韓国の美容･ファッション業界におけるインフルエンサーやソーシャルメディアの世界を描く作品。主人公は一夜にしてセレブリティとなり、その光と影を経験する。韓国の美容トレンドやインフルエンサー文化が色濃く反映されており、話題となった。

映画『武道実務官』（2024 年）の主人公は、e スポーツを好む青年だが、同時にテコンドー、剣道、柔道、合計九段の武芸者だ。ひょんなことから武道実務官として働くことになり、犯罪を未然に防ぐために活躍する。e スポーツ仲間と協力して、ゲームのように戦う場面も。グローバルトップ 10 の非英語部門で 1 位を記録した。

それぞれの韓国コンテンツを扱う作品は、現代の韓国社会のトレンドや魅力を描くのと同時、その世界の裏側もリアルに描き、視聴者から大きな支持を得ている。

4章

さらなる飛躍を目指す！

Korea Entertainment Academics 23

AI＋韓国コンテンツ 未来を見据えた芸術経営の視点

大学においても、AIは重要な研究テーマ

韓国の多くの大学には「芸術経営学科」がある。これは、映画、ドラマ、K-POPといった文化産業の発展と商業化にともない、専門的なアートマネジメントが必要になったために広がった、まさに韓国のグローバル戦略に直結する学問分野だ。ソウル芸術大学 芸術経営学科の入試では次のような問題が出題されている。

筆記問題

チャットGPTが文化芸術分野に及ぼす肯定的な影響と否定的な影響について述べなさい。AI芸術が全盛期を迎えると、芸術家は役に立たなくなるだろうという見方もあるが、これについて自分の意見を述べなさい。

この問題からもわかるように、芸術経営科における目下の大テーマはAIであり、さまざまな分野でAIの活用が進められると同時に、危機感やさまざまな物議も呼んでいる。

「AI作曲家」のイメージ図。韓国コンテンツでは、AIをはじめとしたクノロジーを駆使した作品づくりが、さまざまな領域で進んでいる。

多くの領域でAIが活用される

通常の歌手がアルバムを出すのは2年に1度くらいのペースなのに対して、K-POPアイドルは1年に1度ほどの非常に早いペースでアルバムを出している。そのような状況のなかで、作業を効率化してくれるAI活用に対して、アイドルや製作者サイドは前向きだ。

すでに、楽曲制作においてAIは活用されている。SMエンターテインメントでは、「AI作曲家」を導入し、過去のヒット曲やジャンルを学習させて、トラックやメロディーラインを生成させるなどして、クリエイターが新しいインスピレーションを得るための手助けをしている。

ミュージックビデオにおいても、AIが活用されており、アイドルのAIアバターを活用しながら制作するなどの例も出てきている。

同じように映画やドラマの脚本、プロットの作成においても、過去のヒット作のパターンを分析し、成功の確率が高いストーリーラインやキャラクター設定を提案することで、制作プロセスをサポートしている。

一方で、このような流れに対して、「アイドルや製作者が直接かかわらない作品はいかがなものか？」と疑問を呈するファンの声も多いようだ。

K-POPの世界にAIアイドルも登場

韓国では、AIによるK-POPアイドルも登場し始めている。

カカオエンターテインメントの「メイブ（MAVE：）」は4人組のガールズグループで、リアルなグラフィックで作られた、完全なる仮想アイドルだ。YouTubeでは、完璧なビジュアルの4人のアイドルが、一糸乱れぬ華麗なダンスを披露するミュージックビデオが公開されている。また、SNSやバーチャルライブを通じてファンと交流し、新たなファンダムを築いている。ファッションブランドや企業とのコラボレーションも展開し、ビジネスの領域でも活躍している。

さらに、AIを活用した趣向の変わったアイドルグループも登場している。それがブラスト社所属の「プレイブ（PLAVE）」だ。5人組のボーイズグループで、韓国の歌番組で『WAY 4 LUV』という曲が1位になり、大きな話題となった。ビジュアルは少女マンガのキャラクターのようなタッチのイラストだが、このキャラクターたちの後ろには、それぞれ公開されていない実際の人がいるという。つまり、アニメーションの動きや声は、実際の人間を反映したものであり、完全なAI仮想アイドルではない。

東国大学と文化芸術大学院で教鞭をとるファン・ジュンミン教授は、「AI時代の訪れは、著作権の侵害や人間性の破壊などの道徳的な問題をもたらす。適切な法制度を導入し、注意喚起をすることで、被害を最小限に抑える必要がある。**人類は技術の発展とともに、進歩し続けてきた。AIが敵になるのか、味方になるのかは、私たち次第だ**」と語り、AIを積極活用するK-POPの未来に警鐘を鳴らす。

学びのまとめ 23

AIの進化と共にK-POPも変化、人々が何を選ぶかで未来の姿は決まる。

Korea Entertainment Academics 24

世界で急成長するウェブトゥーンの可能性

ウェブトゥーンの歴史

日本のマンガに影響を受け、韓国でもマンガ文化が広がり、独自のスタイルを確立しながら発展していった。1990年代後半から韓国でインターネットが普及し始めると、従来の紙媒体ではなく、インターネットを利用した新しい形式のコミックが登場した。この縦スクロール型のマンガがウェブトゥーンの原型だ。このころは作品を無料で提供されるなど、商業的には成立していなかった。その後、2000年代半ばに、NAVERやDaumといった韓国の主要ポータルサイトが、ウェブトゥーン専門のプラットフォームを開設し、商業的なウェブトゥーン市場が形成されていった。

2014年、NAVERは、LINE Webtoonをグローバルに展開し、英語版サービスを開始。スマートフォンで見るマンガとして、韓国国内だけでなく、アメリカや東南アジア、ヨーロッパなど、世界中でウェブトゥーンが読まれるようになった。

スマホでいつでもどこでも手軽読めるウェブトゥーン。多言語化に対応し、世界中で読者が拡大している。

ウェブトゥーンが世界を席巻する？

ウェブトゥーンのグローバル展開に伴い、多言語対応が進み、各国の文化や嗜好に合わせたローカライズも行われ、国際的なファンベースの構築に成功している。

そして、ウェブトゥーンから韓国の映画やドラマの原作になる作品も多く、他の韓国コンテンツとのシナジーも非常に高い。

さらに今後、AIを活用したパーソナライズや自動翻訳の技術進化など新技術と結びつくことで、新たな体験型コンテンツとして進化していく可能性がある。

その市場規模は、K-POPや韓国ドラマを遥かにしのぐポテンシャルを秘め、次の時代を担う韓国コンテンツとして期待されている。

ウェブトゥーン業界の人材育成

韓国の大学でもウェブトゥーンの技術を専門的に教える大学がいくつもあるが、その中で突出して人気が高いのが清江文化産業大学で、第一線で活躍する多くの作家を輩出している。実際のウェブトゥーンの現場は分業制で行われることが多いが、ここではシナリオ作成、キャラクターデザイン、作画、編集などのすべての制作工程など、実際の作品を完成させる一連の経験を積むことができ、各々の得意分野を伸ばすことができる。

また、多くのウェブトゥーン出版社やプラットフォームと強力な連携を持っており、学生がインターンシップを通じて現場での経験を積む機会が豊富にあり就職にも有利だ。

ウェブトゥーンの市場規模が世界的に急速拡大する中、次の世代の人材育成にも力を注ぎながら、韓国は市場の中心的な役割を握っている。

学びのまとめ 24

スマホマンガとして世界で親しまれ、最大の韓国コンテンツへの成長が期待される。

Korea Entertainment Academics 25

お家芸eスポーツで韓国が世界をリードする

eスポーツ業界をけん引する韓国

eスポーツ業界は、急速に成長しているグローバルな産業だ。市場調査会社のリサーチ&マーケットによると、2022年の時点で、eスポーツ業界全体の市場規模は約14億米ドルに達しており、視聴者数は5億人を超えているという。

eスポーツのプロフェッショナリズムが進み、国際的なリーグやトーナメントが数多く開催されており、賞金も年々増加し、賞金総額50億円を超える大会まで存在している。

韓国では1990年代後半から2000年代初頭にかけて、インターネットカフェ文化「PCバン」とともにeスポーツを発展させてきた。「PCバン」には、高性能なゲーミングPCが多数設置され、最新のオンラインゲームが低価格でプレイできる場所で、若者のゲーム文化を支え続けている。**現在、eスポーツの世界大会では、韓国のチームや選手がトップクラスの成績を収めており、世界をリードする存在となっている。**

韓国で行われる『League of Legends（リーグ・オブ・レジェンド）』の公式プロリーグにおける実際の試合の様子。

トレーニングプログラムを確立

韓国のeスポーツチームは、早い段階で選手が共同生活を送り、24時間体制で練習する「チームハウス」制度を導入した。1日に10時間以上の練習が行われ、専門的なコーチも早期に採用し、メンタルトレーニングも取り入れた。このような規律の中でトレーニングをするしくみは、世界中のeスポーツシーンに大きな影響を与えた。

また、韓国政府はeスポーツを文化産業と認定し、インフラ整備や選手育成、国際大会の誘致などを支援している。

eスポーツを学べる大学もある

光州広域市にある湖南大学は2020年、

全国の4年制大学のなかで初めてeスポーツ産業学科を開設している。「eスポーツゲーマー」「eスポーツマネジメント」「メディアエンターテインメント」などの専攻で構成され、プロゲーマー育成だけではなく、マネジメント、イベント運営、メディア製作まで、eスポーツ関連の幅広い分野で活躍できる人材育成を目指す。面接試験では、次のような質問が出ることがある。

面接試験

eスポーツ産業学科で達成しようとする目標は何か？　また、その目標達成のための計画があれば述べなさい。

湖南大学のeスポーツ産業学科は具体的な目標をもつ学生を対象に、全国でも初の大学アマチュアeスポーツチーム「Eagle Owls」を結成。大学内のeスポーツアリーナでの大会開催などを通じて、ゲームのプレイを競い合う実践的な教育を行っている。

学びのまとめ 25

韓国は、eスポーツ先進国として今後も世界の中心的な役割を担う。

Korea Entertainment Academics

26

最新技術の設備投資を怠らない韓国映像業界の未来戦略

巨額の設備投資と韓国発ストリーミングサービス

多額の制作費を払い、独自コンテンツを制作するNetflixが韓国で台頭するにしたがい、力をつけたのがドラマの制作会社だ。これまで地上波テレビ局やケーブル局の下請けだった制作会社が多額の制作費を受け取り、企画や販売、流通まで行うようになったのだ。このような会社は、「ドラマ制作スタジオ」と呼ばれる。その代表格が、「スタジオドラゴン」や「CJ ENM」だ。

ドラマ制作スタジオは、高度な制作スキルと、ドラマ1話1億円以上という豊富な制作費によって、世界ランキングの上位に食い込む人気作品を作る。さらに、そこで得た利益を数百億円規模の投資につなげ、最先端の設備を導入し急成長している。

一方で、Netflixは、制作費は高く、グローバル展開しやすいメリットはあるが、著作権がNetflixにあるため二次販売の利益が得られないデメリットもある。そんな中で、**CJ ENMの親会社CJグループでは、韓国のストリーミングプラットフォーム「TVING」**

を立ち上げ、Netflixに迫る勢いで順調に成長している。

韓国の映像産業の未来はどうなる？

韓国の大学の映像やメディア関連の学部では、現代の急速な技術進化と市場変化を踏まえた、映像産業の深い考察によって未来を予測させる、次のよう問題がよく主題される。

筆記試験

次の10年間で、韓国の映像産業がどのように進化するか、デジタル配信プラットフォームの役割を含めて述べよ。

新技術に投資を惜しまない韓国の映像産業は、デジタル配信プラットフォームの進化と技術革新を活用して、さらなる成長と国際的な成功を遂げることが期待されている。

学びのまとめ 26

韓国の映像業界は、**高度な技術力**を背景に**国際的な人気**をさらに高めていく。

Korea Entertainment Academics 27

映像作品のテーマとなるのはずばり社会問題！

韓国の社会問題を作品として描く

韓国にはさまざまな社会問題があり、それらをテーマにした社会批判や深い人間ドラマを映画やドラマが作られるのが特徴であり、国際的な評価を受ける要因のひとつとなっている。貧困や格差、学歴至上主義、性差別やジェンダー問題、自殺、政治腐敗、宗教問題、さらには徴兵制や南北問題、整形大国など独特の社会背景もテーマとなる。

『ミセン‐未生‐』などのヒット作を手掛けたキム・ウォンソク監督は、「社会の現実を鋭く反映し、人々が共感できる物語を描くこと」が韓国ドラマ成功のカギと語る。

実際にその言葉が示す通り、韓国のドラマや映画では、このような社会問題が、テーマとして描かれるだけでなく、人々にどのような影響を与えるかリアリティを追求しながら描かれる。**ときに、自国の恥部や弱さをさらけ出し、良いか悪いかという単純な善悪の二元論ではなく、より複雑で多面的な人間ドラマとして展開される。**

映画『パラサイト 半地下の家族』も格差社会をテーマに描き、観客に強烈な印象を与えつつ、時に不快感を伴うほどのリアリティで描かれ、世界に評価された。

社会問題のテーマ設定の仕方を学ぶ

韓国の大学の映像制作や映画学、メディア学の関連学科では、映像作品のテーマとして社会問題を扱うことを学ぶべく、次のような課題がよく出される。

課題

貧困と経済的格差をテーマにした短編映画の企画書を作成しなさい。どのような視点から問題を描写し、視聴者にどのようなメッセージを伝えるかを明確にしなさい。

このような社会的な洞察力やクリエイティブな思考が、韓国の映像制作においては重要視され、教育現場でも徹底して伝えられている。

学びのまとめ 27

社会問題のリアリティを追求し、多面的な人間ドラマを描く。

Korea Entertainment Academics 28

映像で都市の魅力を伝え視聴者を観光へと誘う

映画やドラマが生み出す「ロケ地巡り」

韓国のテレビドラマは1シリーズ16話が基本とされ、日本よりも長い。また、撮影と放送が同時進行で行われる「ライブシューティング」の手法が一般的で、視聴者の評価をタイムリーに反映して作る。そんな過酷な環境でありながらも、撮影のロケ地が多く、丁寧に映像美を追求して撮られることが多い。**つまりぎりぎりまで時間をかけて、予算を使って、丁寧に作品を作っている。それが韓国の街を魅力的に見せ、観光客を誘うことにつながっている。**

このような〝ロケ地巡り〟は、2000年代初頭に放送されたドラマ『冬のソナタ』がきっかけとなり始まった。現在は映画やドラマだけでなく、K-POPアイドルのMVのロケ地を巡るなど、地方都市や農村部での観光業の振興や、地域経済の活性化にも寄与している。

観光も重要な韓国コンテンツのひとつ

ロケ地巡りは、重要な産業のひとつであり、大学においても学びのテーマとなっている。高麗大学メディア学部などのメディア系の学部学科では、次のような課題がよく出される。

課題

韓国映画のロケ地を巡るプランを立案しなさい。以下の要素も説明しなさい。（1ロケ地の歴史的背景と観光資源、2プランの具体的な行程と内容、3プロモーションおよびマーケティング戦略、4持続可能な観光の施策）

近年は、映画やドラマのロケ地を巡るだけでなく、映画のテーマに合わせて仮装するゾンビツアー、実際のセットを見る医療ドラマ体験ツアーなどバリエーションも豊富だ。二泊三日などの旅程で複数の映画ロケ地を巡るツアーも人気がある。SNSによるプロモーションや映画製作会社と連携したコラボレーションも行われる。また、現地の飲食店を利用したり、公共交通機関を使って環境に配慮したり、持続可能な施策も模索されている。

学びのまとめ 28

映画、ドラマ、K-POPと連携して、観光で地域社会を活性化する。

Korea Entertainment Academics 29

本当に必要なところに支援する韓国政府のサポート体制

必要な場所に、きめ細やかに支援をする

韓国では、1997年のIMF危機が契機となって、IT産業やコンテンツ産業の振興に本格的に取り組み始め、ITインフラ整備、ベンチャー支援、教育プログラムの強化などさまざまな展開をしてきた。**その中で大きな役割を担ったのが、いくつかの機関が統合されて2009年に誕生した「韓国コンテンツ振興院（KOCCA）」だ。この機関によって、映画、放送、音楽、ゲーム、漫画など、多岐の文化産業を、統括的に支援してきた。**

韓国コンテンツ振興院の日本ビジネスセンター長である李咏勲さんは「国がしてきたことはささやかな後方支援にすぎません。やるべきは、自力で成長できる大企業ではなく、まだ弱い中小企業や利益を生みにくい分野を国が支えることです」と語っている。

日本にも同じような補助金はあるが、大きなプロジェクトや大企業に使われることが多い。本当に必要なところにきめ細やかに支援をする、このような政府の取り組みが韓国のコンテンツ産業を下支えしてきたと言えそうだ。

クロスメディア展開でグローバル展開に成功

韓国では、韓国コンテンツ振興院を中心に、それぞれのコンテンツの相互作用を生み出し、その魅力の最大化を目指すクロスメディア戦略を積極的に推進している。

ドラマ『愛の不時着』は、地上波のテレビ放送とNetflixなどのストリーミングによるグローバル配信の両方で視聴者を獲得し、さらにウェブトゥーンや本の「ミック、関連グッズなども販売しながら多面的なメディア展開で成功している。K-POPアイドルはSNSで注目を集め、音楽ストリーミング配信やデジタル技術を使ったライブ配信などを展開し、ファッションアイコンとしても地位も確立して、関連商品の販売やコラボレーションが広がる。

このようなビジョンを持つ韓国コンテンツは、多様なメディアでシナジー効果を生み出し、さらにコンテンツ同士でも化学反応を起こし、グローバルな展開に成功している。

学びのまとめ 29

韓国コンテンツは、クロスメディア戦略でシナジー効果を発揮しながら成長中。

Korea Entertainment Academics 30

韓国コンテンツを世界へ広げるローカライズ戦略とは？

その国に浸透させるローカライズ戦略

韓国コンテンツのグローバル展開をするうえで欠かせないのが、いかにその国に韓国コンテンツを根付かせるかを考えるローカライズ戦略だ。韓国の大学の関連学部では、ローカライズ戦略を重要なテーマとして、グループでディスカッションさせるなどして教えている。その際、ターゲット市場の選定、言語文化の適応、メディアプラットフォームの設定、マーケティングやプロモーション、ファンベースの構築など、さまざまな観点から考える必要がある。また、状況によって提携する現地パートナーの存在も必要になる。

たとえば、K-POPの場合であれば、楽曲の歌詞を現地の言葉にしたり、メンバーの多国籍化を計ったりする。また、その市場ターゲットを分析し、現地の文化や言語に合わせてメディア（テレビ、SNS、ストリーミングサービス）を特定して、それに合わせてプロモーション活動を行ったり、ファンコミュニティの形成をしたりしていく。

広がるグローカライゼーション

さらに、韓国のフォーマットをもとに、海外で展開する「グローカライゼーション」も進んでいる。この言葉は、「グローバリゼーション」と「ローカライゼーション」を組み合わせたもので、よりグローバルな視点で、ローカルな文化や市場に適応させる戦略だ。

K-POPのアイドルグループ「NCT」は、韓国人以外の国籍（中国、タイ、香港、マカオ、台湾・ドイツ）のメンバーで構成したユニットグループ「WayV」で、中国に進出して成功している。日本人メンバー中心で構成される「NiziU」も同様のケースといえる。

さらにスタジオドラゴンとフジテレビの提携や、CJ ENMとTBSの提携など、ドラマ制作に韓国式を取り入れる流れが映像業界でも進む。**このようなグローカライゼーションは、広い意味での韓国コンテンツとして、今後ますます世界に広がるだろう。**

学びのまとめ 30

各国の文化の中に韓国式が浸透する、**グローカライゼーション**が進む。

韓国コンテンツが学べる大学リスト

映画・ドラマ
韓国芸術総合学校 映画科（P71）
映画制作の理論と実践（脚本、撮影、編集、演出など）

中央大学 映画・映像学科（P92）
映画制作の総合スキル（脚本、撮影、編集、演出）

東亜放送芸術大学 映画芸術学科（P98）
映画芸術の総合的なスキル（映画制作、演出、映像表現）

韓国映画アカデミー（P102）
国立の映画学校（演出、撮影、プロデュース、アニメーション）

演技
中央大学 演劇学科（P92）
演技の基礎から応用（舞台、映画など）

建国大学 媒体演技学科（P100）
映像メディアの演技（映画、テレビなど）

ソウル芸術大学 演技科（P106）
演技技術と表現力（舞台、映像、声優）

韓国芸術総合学校 演技科（P108）
演技の基礎と応用（舞台、映画など）

K-POP
百済芸術大学 メディア音楽科（P28）
音楽制作とパフォーマンス（K-POP、作曲、演奏）

東亜放送芸術大学 K-POP学科（P27,28,52,56）
K-POPの音楽とパフォーマンス（ダンス、ボーカル、作曲）

国際大学 K-POP学科（P28）
K-POPの音楽とエンターテインメント技術（歌唱、ダンス、プロデュース）

ソウル芸術大学 実用舞踏科（P60）
ダンスの実技と理論（K-POPダンス、振付、舞台パフォーマンス）

エンタメコンテンツ全般
延世大学 グローバル人材学部 文化メディア学科（P66,78）
エンタメ業界の経営戦略とマーケティング（エンタメビジネス、マネジメント）

Webtoon
清江文化産業大学（P126）
ウェブトゥーンの制作とビジネス展開（デジタルマンガ制作、販促）

美容
ソウル文化芸術大学 トータルビューティアート学科（P113）
美容技術とビューティーアート（ヘア、メイクアップ、スキンケア）

ファッション
梨花女子大学 ファッションデザイン学科（P117）
ファッションデザインの基礎と応用（デザイン、テキスタイル）

弘益大学 ファッションデザイン学科（P117）
ファッションデザインとクリエイティブ表現（デザイン、ファッション販促）

メディア
ソウル大学 国際文化学科、視覚デザイン学科（P26,30）
韓国最高峰の大学。韓国のコンテンツの研究（文化、デザイン、メディア）

韓国芸術総合学校 放送映像科（P38）
テレビや放送映像の制作技術（番組制作、カメラ、編集）

高麗大学 メディア学部（P26,70,74,135）
メディアとコミュニケーションの ¡ 理論（メディア分析、ジャーナリズム）

AI
ソウル芸術大学 芸術経営科（P120）
芸術分野における経営と AI 技術の応用（芸術マネジメント、AI 活用）

東国大学 AI 融合学部（P123）
AI 技術の基礎と応用（人工知能、データ解析）

文化芸術大学院（P123）
文化芸術分野における AI の活用（AI による芸術創作、管理）

e スポーツ
湖南大学 e スポーツ学科（P128）
e スポーツのプロゲーミングとマネジメント（ゲームプレイ、イベント運営）

おわりに

韓国コンテンツの強さは、人のエネルギーにあり

Ｋ－ＰＯＰアイドルのハイクオリティなダンスパフォーマンスは、デジタルプラットフォームを通して、世界中の人々を魅了している。韓国の映画やドラマは、非常に高い技術力に裏打ちされつつも、誰もが共感できるテーマを持ち、世界中の人々の身近なエンターテインメントとして浸透している。

このような成功の背景には、韓国の国家的なグローバル戦略の功績があるが、本書の制作を通して、それだけではないことに改めて気づかされた。ときにＫ－ＰＯＰアイドルの熱いパフォーマンスや社会正義に基づいた普遍的なメッセージは、人々の絆や連帯感を生み出し、多くの人に生きる勇気や希望を与えている。韓国の映画やドラマには、その歴史的な背景や文化に根付いた人々の熱い想いや生きざまが描かれる。根本にある韓国の人々が持つ、そのエネルギーこそが人々の心を揺り動かしている。

韓国の文化振興戦略や各コンテンツの多様な取り組みから学ぶことは多いが、それを単に模倣しても十分に機能しないだろう。そこから学び独自の文化や精神と結びつけることで、初めて新たな何かが生まれるはずだ。